高僧和讃講義（四）

―源信・源空―

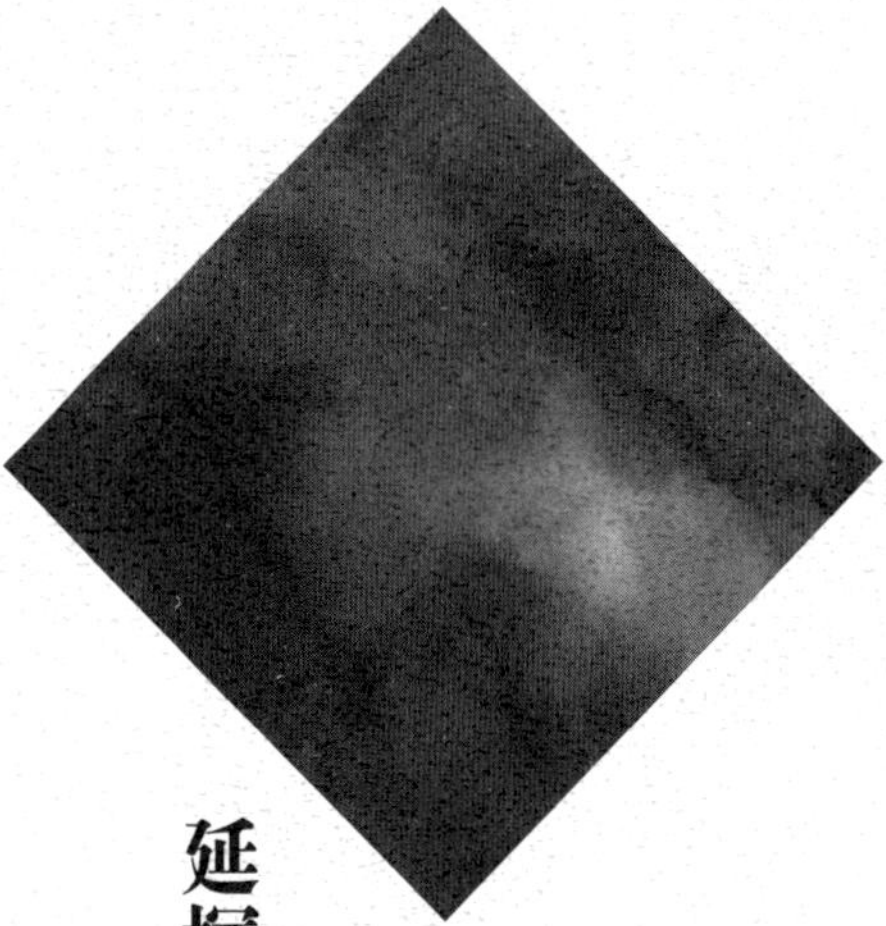

延塚知道
Nobutsuka Tomomichi

方丈堂出版
Octave

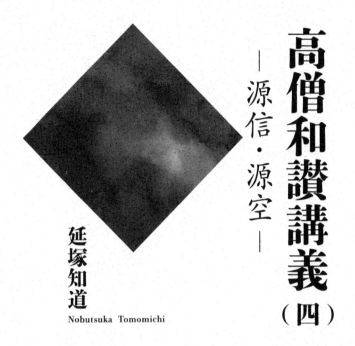

目次

第七部　源空和讃　95

第六部　源信和讃

源信和讃

一　源信和尚ののたまわく
　　われこれ故仏とあらわれて
　　化縁すでにつきぬれば
　　本土にかえるとしめしけり

二　本師源信ねんごろに
　　一代仏教のそのなかに
　　念仏一門ひらきてぞ
　　濁世末代おしえける

三　霊山聴衆とおわしける
　　源信僧都のおしえには
　　報化二土をおしえてぞ
　　専雑の得失さだめたる

四　本師源信和尚は

懐感禅師の釈により
処胎経をひらきてぞ
懈慢界をばあらわせる

五　専修のひとをほむるには
千無一失とおしえたり
雑修のひとをきらうには
万不一生とのべたまう

六　報の浄土の往生は
おおからずとぞあらわせる
化土にうまるる衆生をば
すくなからずとおしえたり

七　男女貴賤ことごとく
弥陀の名号称するに
行住座臥もえらばれず
時処諸縁もさわりなし

八　煩悩にまなこさえられて

摂取の光明みざれども
大悲ものうきことなくて
つねにわが身をてらすなり

九　弥陀の報土をねがうひと
外儀のすがたはことなりと
本願名号信受して
寤寐にわするることなかれ

十　極悪深重の衆生は
他の方便さらになし
ひとえに弥陀を称してぞ
浄土にうまるとのべたまう

（『真宗聖典』四九七～四九八頁）

一、源信の伝記の概説

これから源信（九四二～一〇一七）の和讃を尋ねていきますが、まず初めにその伝記を簡単に記しておきましょう。今から一〇〇〇年以上前、平安時代の天慶五（九四二）年に源信は、卜部正親を父とし清原氏を母として、大和の国（現在の奈良県）の葛城下郡当麻郷に生まれました。近くには当麻寺があり、法隆寺もそう遠くないことから、幼い頃から仏縁に恵まれていたであろうことが想像できます。

源信が生まれた九四二年は、最澄が比叡山に天台宗を開いた八〇六年から数えて一三六年目に当たる年です。それはまた、法然が生まれる一一三三年から数えて一九一年前に当たりますし、親鸞が生まれる一一七三年から数えると二三一年も前になります。清沢満之が生まれてから今年（二〇二〇年）で一五七年ですから、法然や親鸞にとっては、それ以上の時を経た大先輩で、源信は、ほぼ伝説的な仏者であったと思われます。

源信の出家の原因は定かではありませんが、七歳の時に亡くなった父の遺言であったと伝えられています。同時に、母のお育ての大きかったことが記されていますから、篤信の母の願いに促されて、比叡山に登ったのではないかと推測されます。比叡山の慣例から、早くても十三歳くらいで出家・受戒したと思われますが、源信は良源（九一二〜九八五）を仏道の師としました。源信とはちょうど三十歳の年の差がありますが、良源は当時の比叡山で博学の学僧としてその名が知れわたっていました。

源信が修学に励んだ横川は、慈覚大師円仁が首楞厳院を開き、鎮護国家の祈禱所として栄えていたのですが、良源のころにはかつての栄華は見る影もなく寂れた状態でした。ところが、良源の熱心な信者であった右大臣藤原師輔の支援によって、講堂・法華堂・常行堂等が新たに建立され、面目を一新することになりました。ちょうどそのころに源信が出家しますから、横川で修道勉学に励むことになったのも、この横川の再建と無関係ではなかったと思われます。

康保三（九六六）年に良源は五十五歳で、第十八世の座主に任じられます。彼が座主の間に比叡山は、二度もの大きな火災に見舞われて、その再建に奔走しますが、同時に比叡山の教学面の強化とその体制の整備に力を注ぎます。当時の比叡山は、伝統的な南都の学問に対して法華一乗の学問所として、その優位性を内外に知らしめる必要に迫られていました。そのため良源は、内的には天台教学とその実践形態としての浄土教の研鑽に力を注ぎます。彼の門下からは、のちに名を残す七十名もの英才が育つのですが、その優れた弟子の中で源信が第一であったと伝えられています。

学問の体制面から言えば、それまでの比叡山には探題職が置かれていませんでした。そのため天台の学場としては大切な広学竪義という場にも、南都から探題僧を招請しなければなりませんでした。広学竪義とは、比叡山衆徒の修学策励のために設けている仏道の討論の場です。探題職というのは、『法華経』やその他の重要な経典の論議の際に、その論題を提出して討論の場を統率する重職です。良源は、その職を比叡山独自で置くことにしたわけですから、彼の学問体制の整備は、伝統の南都に対して、天台円頓一乗の権威と見識とを世に誇ることになったのです。

天延元（九七三）年には、三十二歳の源信が選ばれて広学竪義にあずかりますから、このころすでに比叡山の英才としての頭角を現していたことが窺えます。さらにインドの論理学に関する『因明論疏四相違略註釈』三巻等を著して、学匠としての名声が高まっていくのです。また天元三（九八〇）年には、根本中堂の供養会が催されます。朝廷からは円融天皇の行幸をはじめ、関白太政大臣藤原頼忠以下の朝臣が出席し、南北の仏教界からは百五十人もの僧侶が参列しました。源信は、紫衣をまとって右方の錫杖頭として十五名の錫杖衆を率い、この法会に出仕します。時に源信は三十九歳でしたが並みいる先輩僧の中で、いまだ若年の源信をはじめ四名の僧は、紫衣を着ることが許されていませんでした。しかし、急遽座主良源が奏上して、朝廷の許しを得たことが伝えられています。このように比叡山の最盛期に若くして脚光を浴びるのですが、このころの源信が、七十六年の生涯の中で最も輝いていた時期ではなかったかと思われます。

さて良源の努力によって比叡山は復興の大事業を遂げつつありましたが、その反面、法会の風儀が貴族的に傾き世俗化していきます。制度的にも世俗化の波にはあらがえず、貴族の子弟たちが名誉栄達の近道として比叡山に上るようにもなりました。横川にもその波は押し寄せて、藤原師輔の追善法要が営まれたり、中堂の改修工事がなされたり、新築された恵心院で大法会が営まれたりと、一見発展的に華やかですが、その実、藤原氏の菩提所のようになって、その権勢が比叡山の中にも染みわたっていくのです。

良源が座主を退任すると、永観三（九八五）年に、尋禅（九四三〜九九〇）が第十九世の座主に補任されます。尋禅は横川の再興に力を尽くした藤原師輔の子息で、源信よりも一つ年が若いのですが、叡山の出世街道を驀進した人物です。源信が権少僧都に補任されたのは六十三歳の時ですが、彼は若干三十二歳で権少僧都となり、天台宗初の一身阿闍梨にまでなって、四十三歳で座主に上り詰めた人でした。源信と同じ良源の門下で、著作には『戒壇院本尊記』や『金剛宝戒章』などがありますが、源信に比べるとその著作は圧倒的に少なく、学識や人徳というよりもその出自の良さによるところが大きかったと思われます。尋禅は、当時の貴族の子弟たちのあこがれの目標であったことは想像に難くありませんが、この一事を取ってみても、比叡山の全体が仏道の修道以上に世俗化の波に飲み込まれていたことがよくわかります。

四十三歳の源信は、このころに首楞厳院の一院である恵心院に隠棲したのではないかと推測されます。その事情は定かではありませんが、源信の求道心が比叡山の現状に絶望し、そこに末法の現実を体感して、隠棲を決断したのではないかと思います。『往生要集』の冒頭には、その時機の自覚が明確に示されています。

それ往生極楽の教行は、濁世末代の目足なり。道俗貴賤、誰か帰せざる者あらん。但し顕密の教法はその文一にあらず。事理の業因は、その行これ多し。利智精進の人は、いまだ難しとなさず。予がごとき頑魯の者、あに敢えてせんや。この故に念仏の一門によりて、いささか経論の要文を集む。

（『真宗聖教全書』一・七二九頁）

大切な文章ですから、その意味を取ってみましょう。「往生極楽の教えと実践行は、この濁りはてた末代の目であり足である。道俗貴賤、誰かこの道に帰依しないものがあろうか。ただし顕教にしろ密教にしろ、その教えが説くところは同じではないし、浄土の阿弥陀仏を観想したり、その真理と一体になる修行の方法にもいろいろある。智慧が優れ努力のできる人ならば、難しいことではなかろうが、私のような愚かなものがどうしてそんな道を、進んで求めるであろうか。このような理由から念仏の門によって、経論の大切な文章を集めたのである」。このような意味ですが、『往生要集』はこの時機の自覚から始まります。

最澄の『末法灯明記』でも明らかなように、正法千年・像法千年説によって、当時は像法の末に位置するという考え方が一般的でした。しかし源信は、明確に「濁世末代」と末法を示す言葉と、「頑魯の者」という凡夫の自覚によって、仏教を生きようとする主体と世の現実とを表明して、機教相応した念仏の一門を掲げるのです。その意味で、日本仏教の歴史の中でもこの源信の『往生要集』が、自覚的な時機（末法）の自覚を表す初めての書と言ってもいいもので、教理的な観念の仏教を抜け出して、機教相応した生きた仏道を表す書として、白蓮のように輝くことになるのです。

その跋文にはまた、

永観二年冬十一月、天台山延暦寺首楞厳院においてこの文を撰集し、明年夏四月にその功を畢れり。

（『真宗聖教全書』一・九二五頁）

と記していますから、永観二（九八四）年、源信が四十三歳の十一月に起筆して、翌年の四月に書き終えたことがわかります。この『往生要集』は日本浄土教の黎明期の書ですから、天台の観想念仏を理想としているかのようで法然のような明確な念仏の廃立は見られません。しかし、比叡山をはじめとする世間全般への絶望は、必然的に内なるいのちの世界（浄土）へ向かうしかありません。その意味で浄土教にとっては、時機の自覚が絶対に必要なのです。『往生要集』は、ちょうど尋禅が座主になった年に書き終えたことになります。彼が座主になったことは、末法の象徴と見えていたでしょうから、この時機の自覚という点からみれば比叡山の現状に見切りを突き付けた感さえします。ともかくこの『往生要集』執筆のころに、源信は比叡山から隠棲することになるのです。

源信は生涯、母親の教えに育てられていきます。源信の行実が記された最も古い資料である『首楞厳院二十五三昧結縁過去帳』から趣意されたと思われますが、『今昔物語』には次のような逸話が伝えられています。天暦十（九五六）年源信が十五歳で、村上帝の大后の御八講に召されます。初めての晴れがましい場なので源信は喜んで、その貢物を大和の国の母に送るのです。すると母の返事に「送ってくださったものはありがたく思うし、立派な学匠になることも尊いことだけれども、そんなことは出家させた母の本意ではありません。元服もしていないあなたを比叡山に登らせたのは、多武峰の増賀聖のように浮世の虚利を捨てて道を求め、年老いたこの母を救ってほしいからです。母が生きているうちにそれが成し遂げられるならば、安心して死ぬことができましょう」と告げられるのです。この母の教えが源信の生涯を貫くのですが、その恩に報いるために『勧心往生偈』を書いて、母に安楽浄土の往生を勧めます。「いのちを懸けて我が母を救う」、それが源信の求道心の根底に流れていたのだと思われます。

永観元（九八三）年の九月、『往生要集』執筆の少し前に当たりますが、源信はその大切な母を亡くします。母の臨終に立ち会い、自ら念仏の功徳と浄土の荘厳を説いて、香湯で部屋を整え阿弥陀仏を安置して、新しい衣を着せ母に念仏を勧めます。それを大いに喜んで至心念仏すること三百遍ほどを称えて、ついに母は浄土に還っていくのです。伝記ではそれが先の母親の懇切な説諭に応えた出来事として、感動的に伝えられています。一説には『往生要集』は、この清原氏の死去を縁として書かれたとも言われます。

永観三（九八五）年一月ですから、『往生要集』が完成する三カ月ほど前に、母の死に加えて師の良源までも亡くなります。このように源信は四十二、三歳のころに、末法濁世の縮図ともいえる比叡山の現状に絶望し、個人的には最も大切な師の良源と母親の二人を亡くし、その悲しみの中で、若き日の母の教えに応えるべく隠棲を決断したのではないかと推測されます。

『往生要集』が完成して永延元（九八七）年、四十六歳の源信が九州へ旅をしたときに、宋の商人であった周文徳（朱仁聡）に『往生要集』を贈るのですが、彼は、本国の天台山国清寺にそれを納めます。宋の人々が源信の肖像画を求めてきたので、承円阿闍梨に描かせてそれを贈ると、中国では廟を立てて、「楞厳院源信大師」と呼んで『往生要集』と肖像画とを、その廟に安置したといわれています。中国でも尊敬を集めたわけですから、日本の仏教界でも『往生要集』は重要な書物になっていきます。聖道・浄土を問わず、学僧たちの教科書と言ってもいいくらい広く読まれ、その思想は仏教界全体のバックグラウンドになるのです。もちろん法然の『選択集』と明恵の『摧邪輪』との論戦の根底にも流れていますし、のちに尋ねますが、親鸞の『教行信証』の重要な箇所に『往生要集』の文が配置されています。

隠棲後の源信はもっぱら著述に力を尽くして、求道心の求めるままに仏道に専念したようです。『横川首楞厳院二十五三昧式』一巻、『観心略要集』一巻、『楞厳院普賢講作法』一巻、『尊勝要文』一巻をはじめその他たくさんの書物が六十歳ころまでに書かれています。

またその一方で源信は、横川で二十五三昧会を立ち上げます。その中心となる根本結衆を二十五人募って、楞厳院に月例で念仏講経の集会を開いて、お互いに念仏を勧め励ましあって仏道に精進しようとしたのです。たとえば、結衆の一人が危篤になったときには、皆でその場に集結して看病とともに、称名念仏して臨終に備えたのです。先の著作の初めに挙げた『二十五三昧式』は、源信が四十五歳の時に、首楞厳院を中心とする念仏結社の人々のために、念仏を実践する規約を定めたものです。

このように学究的な著作を残す一方で、いくつもの講を開いて庶民にまでその感化が及んでいきます。六十歳を過ぎてもその著作意欲は衰えず、そればかりか大きな課題に取り組んでますます大部な著作に没頭していきます。『大乗対倶舎抄』十四巻、『一乗要決』三巻、『倶舎論頌疏正文』一巻、『阿弥陀経略記』一巻などが書かれ、著述は存欠と真偽未決のものを合わせると百六十部が数えられていますから、日本の仏教史上でも群を抜く天才的な学僧であったことが窺えます。

隠棲して僧官僧位などに何の望みも持っていなかった源信に、寛弘元（一〇〇四）年、源信が六十三歳の五月に、弟子の厳久が自分の位を譲って要請したために、権少僧都の僧位が与えられます。源信はそれを不本意として寛弘三（一〇〇六）年の十二月には辞退するのです。

長和五（一〇一六）年のころから病に倒れて以来、源信は二度と起き上がることはできませんでした。翌年の寛仁元（一〇一七）年六月十日の夜に、ひたすら念仏を称えて、七十六年の生涯を終えて浄土に還って往ったのです。

このような源信の行実を概観しても、生涯のすべてを投じて、念仏一つに帰依していったことがよくわかると思います。

二、総説の二首の和讃

1、還相の菩薩と凡夫の自覚

親鸞は、源信和讃を十首詠っています。その十首の中で最初の二首は、源信和讃全体の総説に当たると思われますので、その和讃から尋ねていきましょう。それは次のように詠われています。

一　源信和尚ののたまわく
　われこれ故仏とあらわれて
　化縁すでにつきぬれば
　本土にかえるとしめしけり

二　本師源信ねんごろに
　一代仏教のそのなかに
　念仏一門ひらきてぞ
　濁世末代おしえける

（『真宗聖典』四九七頁）

最初の和讃の意味は、「源信が言われるには、私は本来仏であった者としてこの世に出現し、すでに教化の縁が尽きたから、本来の国であった阿弥陀の浄土に還ると告げた」という意味です。これは

『慧心院源信僧都行実』という源信の伝記の中の一説がもとになっています。そこには、次のように記されています。

一日僧都、身を雲間に現じ、慶祐に告げて曰わく。我は本、極楽久住の大士なり。化縁已に尽きて、本国に還帰ると。

（『恵心僧都全集』五・六八五頁）

亡くなった源信が、ある日身体を雲の間に現して、三井寺の学僧であった慶祐に「我は本、極楽久住の大士なり」と言ったというのです。和讃では「われこれ故仏」と詠われていますが、この「故仏」の左訓に、「もとのほとけという」とあります（『定本親鸞聖人全集』二・和讃篇・一二一頁）。伝記に「我は本、極楽久住の大士なり」とありますので、これを左訓として付したのだと思われます。「大士」とは菩薩のことで、「化縁」とは教化の縁です。ですから、「私は本来、阿弥陀の浄土にいた菩薩ですが、この世において教化を尽くし終わったので、本国である阿弥陀如来の浄土に還る」と、告げたという文章です。

これは、源信を慕っていた慶祐が、弟子としての感慨を伝えている文章です。おそらく親鸞は、源信の教化に対するご恩を、慶祐がよく表してくれていると思われたに違いありません。その慶祐の感慨をご自身のものとして、源信和讃の一首目に詠っているのでしょう。

　これは言うまでもなく、私を教化してくださった方を、還相の菩薩と仰ぐと言っているのです。親鸞は法然との出遇いで決定的になったことを、「いずれの行もおよびがたき身」（『真宗聖典』六二七頁）と『歎異抄』に告げています。人間には、自力無効などわかるはずはありません。眼は外に向き、他人ばかりを非難して、命終わるまで自分を立て続けていくのが人間です。自力が自力を反省することはできても、反省そのことが自力ですから、自力に問題があるなどとは誰一人思い至りません。それを善知識は、自力に地獄のもとがあると教えるのです。人間が逆立ちしてもわからないことを教えるのですから、浄土から還相して阿弥陀の智慧で教えてくださったと、ひれ伏すのは当たり前です。ですから、善知識を還相の菩薩と仰ぐのです。

　よく自分の師を語るときに、大変お世話になったとか、優しくしていただいたとか言いますが、それは世間のことであって、仏道の師ではありません。私の上に決定的に自力無効の懺悔を生む教えに遇うこと、それ以外に仏道の師はありません。これは私の意見ではなくて、『歎異抄』第二章を正確に読めば、そうなっています。

　個人的なことを申して恐縮ですが、訓覇信雄先生の晩年に何度か病室を訪ねたことがありました。その時に、「私は、親鸞聖人をはじめ、遇ってみたい方が何人かいますが、近くでは高光大船先生にお遇いしたいと思っていました。ただ私のような者にとっては、高光先生が怖くて仕方がありません。高光先生は怖かったでしょうね」とお聞きすると、訓覇先生はニコッと笑われて、「馬鹿、高光ちゃんは優しかったぞ」と言われました。しばらく間をおいて、「回心がない人には徹底的に厳しかったけど、回心があった人には海のように優しい人やった」と、満面の笑みで答えられました。私は意地悪にも「それなら先生は、回心があったということですか」と聞くと、先生は大きな声で「当たり前じゃ」と答えて、二人で大笑いしたことを思い出します。

回心がない人には徹底的に自力無効を教えること、それは世間的には嫌なことを言う人だとか、あんな人の言うことを聞くかと思われることのほうが多いのでしょう。しかし高光先生は、「いまさら悪人になることくらい何とも思ってない、ただ自力無効に目覚めて親鸞の教えに直参しろ」、それを教えることがご自身の役目だと、腹に決めていたのではないでしょうか。高光先生のお言葉をあれこれ想うと、きっとそうだったに違いないと思い出すことです。

親鸞は師の教えを聞いたものとして、自力無効の懺悔から、仏道の師としての源信を還相の菩薩と仰いだのです。これから後の源信和讃は、そのほとんどが『往生要集』の文によって詠いますが、ここだけは『慧心院源信僧都行実』という伝記の、慶祐の言葉を和讃にしています。それは慶祐の師の仰ぎ方に、親鸞が痛く共感したからに他ならないでしょう。

さて第二番目の和讃は、次のように詠われます。

二　本師源信ねんごろに

一代仏教のそのなかに
念仏一門ひらきてぞ
濁世末代おしえける

（『真宗聖典』四九七頁）

「源信はねんごろにも、釈尊一代の仏教の中でも念仏の一門を、末法濁世の凡愚のために開いてくださった」という意味です。この和讃は、伝記のところでも引用しましたが、『往生要集』の冒頭の文章に基づいていると思われます。『往生要集』は、「それ往生極楽の教行は、濁世末代の目足なり。道俗貴賤、誰か帰せざらん者あらん」という文から始まりますが、第二首目の和讃は、この文によって詠われたものでしょう。もちろん「余がごとき頑魯の者、あに敢えてせんや。この故に念仏の一門により て、いささか経論の要文を集む」と言われますから、源信の凡夫の自覚から「念仏の一門」が開かれたことは、文脈からも明らかです。

「正信偈」の源信讃は、

源信、広く一代の教を開きて、　ひとえに安養に帰して、一切を勧む。
専雑の執心、浅深を判じて、　報化二土、正しく弁立せり。
極重の悪人は、ただ仏を称すべし。　我また、かの摂取の中にあれども、

煩悩、眼を障えて見たてまつらずといえども、
大悲倦きことなく、常に我を照らしたまう、といえり。
（『真宗聖典』二〇七頁）

と詠われています。この「源信、広く一代の教を開きて、ひとえに安養に帰して、一切を勧む」という全体を総括している文が、和讃で言えば、第一首目と第二首目の和讃に当たるのだと思います。その後「正信偈」で、「専雑の執心、浅深を判じて、報化二土、正しく弁立せり」と説かれる文以降は、和讃で言えば、第三首目の和讃から第八首目の和讃に相当するのだと思われます。そこは、親鸞が『往生要集』から教えられた、最も大切な部分に当たります。おそらくこの源信の教えによって、親鸞教学のすべてが完成したのだと思われますので、それは後で尋ねてみましょう。

ここでは、第一番目の和讃が源信を還相の菩薩と仰ぐということ。第二番目の和讃が、末法の凡夫のために、釈尊の一代仏教の中から念仏一門を開いたということ。この二つの和讃を、源信和讃の総相にしたということを確かめておきましょう。

2、阿弥陀如来の応化身

さて、源信和讃の最初が、

一　源信和尚ののたまわく
　われこれ故仏とあらわれて
　化縁すでにつきぬれば
　本土にかえるとしめしけり
（『真宗聖典』四九七頁）

という和讃から始まることは、申し上げた通りですが、なぜわざわざ源信の伝記の慶祐の言葉を和讃にしたのでしょうか。ご自身の言葉で讃詠するのではなく、慶祐の言葉を借りて、源信が阿弥陀如来の化身であったということから始まります。しかしそれは、源信に限ったことではありません。これまで尋ねてきた『高僧和讃』の中で言えば、実は、善導和讃もそこから始まります。

一　大心海より化してこそ
　善導和尚とおわしけれ
　末代濁世のためにとて
　十方諸仏に証をこう
（『真宗聖典』四九五頁）

この和讃は、「如来の大心海より応化した仏者こそ、善導和尚です。末法濁世の凡夫のために『観経疏』を著して、十方諸仏の証明を請われたのです」という意味です。阿弥陀の智慧の海から応化したという意味では、源信和讃の第一首目と同じです。それから源空和讃も、同じように始まります。

一　本師源空世にいでて
　弘願の一乗ひろめつつ
　日本一州ことごとく
　浄土の機縁あらわれぬ

二　智慧光のちからより
　本師源空あらわれて
　浄土真宗をひらきつつ
　選択本願のべたまう

（『真宗聖典』四九八頁）

第一首目の和讃は、「法然上人がこの世に出られ、本願念仏の一乗の法を弘めて、この辺州濁世の日本全体に浄土教に帰依すべき機縁が熟したのです」という意味です。第二首目の和讃は、「阿弥陀如来の智慧を実践する勢至菩薩の智慧の力から、法然上人はこの世に現れて、浄土真宗を開いて選択本願を宣布してくださったのです」という意味ですから、法然を応化の仏として仰いでいることから始まります。

さらに源空和讃の第十七首目の和讃には、源信和讃の第一首目と同じ意味の和讃が詠われています。それもここに挙げておきましょう。

十七　阿弥陀如来化してこそ
　本師源空としめしけれ
　化縁すでにつきぬれば
　浄土にかえりたまいにき
（『真宗聖典』四九九頁）

この第十七首目の和讃は、「法然上人は阿弥陀如来の応化身として現れ、この世での教化が終わったので、本国の浄土にお還りになった」という意味ですから、源信和讃の第一首目と寸分たがわない意味です。

このように、善導・源信・源空の和讃はすべて、第一首目から阿弥陀如来の応化身として仰がれています。ところが、それ以前の龍樹・天親・曇鸞・道綽は、そのように始まっていません。ただ初祖の龍樹は、思い出していただきたいのですが、次のように始まっていました。

一　本師龍樹菩薩は
　智度十住毘婆娑等
　つくりておおく西をほめ
　すすめて念仏せしめたり

二　南天竺に比丘あらん
　龍樹菩薩となづくべし
　有無の邪見を破すべしと
　世尊はかねてときたまう

（『真宗聖典』四八九頁）

意味は改めて述べませんが、問題となるのは第二首目の『入楞伽経』の懸記から趣意した和讃です。懸記とは、『入楞伽経』に説かれる釈尊の予言です。「正信偈」の龍樹讃にも、同じことが次のように説かれています。

釈迦如来、楞伽山にして、　衆のために告命したまわく、
南天竺に、龍樹大士世に出でて、　ことごとく、よく有無の見を摧破せん。

（『真宗聖典』二〇五頁）

そもそも『入楞伽経』は大乗経典ですから、龍樹が亡くなった後に説かれた経典です。ですから、龍樹が釈尊の予言によって出てきた方であるということは、後付けでしょう。ところが、親鸞はそのことをよく知っていながら、龍樹和讃も「正信偈」の龍樹讃も、そこから始めているのです。

龍樹は大乗仏教を初めて明らかにした仏者で、第二の釈尊として崇められました。ですから、八宗のすべてが、龍樹を初祖としています。それだけに親鸞もまた、『教行信証』「行巻」の龍樹の引文では特別に力を込めています（『真宗聖典』一六一～一六七頁）。ここは七祖の引文の中でも一番長く、しかも大乗の論書の中から浄土真宗の本意を抽出するのですから、実に難解なところですが、それは大乗仏教が起こった初め、つまり龍樹のところですでに浄土真宗が完成していたことを証明するためです。難解で引文は長く意味がわかりにくいのですが、『教行信証』ではそんなところほど大切ですから、諦めないでよく読んでみてください。浄土真宗は凡夫のための仏道ですが、他力の信心は、大乗の菩薩のような精神を生きていかなければならない。願生浄土の仏道は、身は凡夫であってもその信心は法蔵魂を生きていく。あたかも「大乗の菩薩のごとくに生きて行け」というように、浄土真宗の実に積極的な意味を教えられるところです。

親鸞は龍樹を、第二の釈尊とか、八宗の祖であるとか、自力によって空を悟った仏者であると見ているのではなくて、他力による浄土真宗を明らかにした仏者であると仰いでいるのです。それは、『高僧和讃講義』㈠にも述べていますが、大切なところだけを復習しておきましょう。

要するに、親鸞が七祖の初祖としての龍樹をどう見ていたかに極まるのですが、『教行信証』「真仏土巻」に曇鸞の『讃阿弥陀仏偈』の文が引用されます。ここは、曇鸞が光明無量・寿命無量の阿弥陀如来に稽首するということが繰り返されます。その文脈の中に、龍樹が出てきますから、龍樹も阿弥陀如来の十二光に稽首した仏者であると讃えているのです。そこに、

本師龍樹摩訶薩、形像を誕ず、始めて頽綱を理る。邪扇を関閉して、正轍を開く。これ閻浮提の一切の眼なり。尊語を伏承して、歓喜地にして阿弥陀に帰して安楽に生ぜしむ。

（『真宗聖典』三一七頁）

と出てきます。もともとの曇鸞の『讃阿弥陀仏偈』では、「形を像始に誕じて、頽綱を理る」と訓まれます（『浄土真宗聖典全書』一・五四八頁参照）。「龍樹菩薩は、像法の初めにお生まれになって、仏道を覚った方だ」という意味です。ところが、親鸞はこれを「本師龍樹摩訶薩、形像を誕ず、始めて頽綱を理る」と訓んでいるのです。曇鸞の訓み方をあえて替えて、そこに龍樹をどう見ていたかという意味を託しているのだと思います。「形像を誕ず、始めて頽綱を理る」と訓むとどうなるのでしょうか。「形像」とは、人間のお姿で生まれてきたという意味です。さらに、「始めて頽綱を理る」と訓むと、「人間として生まれた龍樹は、人類で初めて仏教の頽綱を明らかにしてくださった方」という意

味になります。釈尊の入滅から遠く隔たったとか、七祖の中で最初とか、自力で空の仏教を悟った人とか、そういう意味ではなくて、「人類で初めて釈尊の仏教に頷いた方」として、親鸞は、龍樹を仰いでいることになります。

こう訓むと、先の『讃阿弥陀仏偈』の文の意味は次のようになります。「釈尊のように明確に仏教を説いてくださった龍樹菩薩は、人類で初めて仏教に頷いた方として、邪な道を閉じて正しい仏道のレールを敷いてくれました。龍樹菩薩こそ、全世界の一切の人々を救う眼というべきでしょう。釈尊が『入楞伽経』に説かれた懸記を受けて歓喜地の位に至り、阿弥陀如来に帰命して、安楽浄土に往生せられたのです」。

曇鸞の『讃阿弥陀仏偈』には、この龍樹の一人しか出てきません。そこには二つの意味が託されているように思われます。一つは、人類で初めて釈尊の教えに頷き、それを大乗仏教として宣布してくださった龍樹菩薩を讃えているのです。『浄土論註』が「謹んで龍樹菩薩の『十住毘婆沙』を案ずるに」（『真宗聖教全書』一・二七九頁）から始まることが、その意味をよく示しています。もう一つは、曇鸞の『讃阿弥陀仏偈』が龍樹菩薩の阿弥陀の讃歌である『十二礼』に則って詠っていることを示していると思われます。ともかく親鸞は、「真仏土巻」の『讃阿弥陀仏偈』の文を、先のように訓み替えて、釈尊の弟子として阿弥陀如来に帰した龍樹菩薩を讃えているのです。

この「釈尊の弟子」という言葉は、龍樹が住んでおられたナーガールジュナ・コンダに参拝したときの寺川俊昭先生の感想の言葉でした。私は、その言葉をお聞きしたときに感銘を受けて、「真仏土巻」のこの文章の親鸞の訓み替えの意味を、直感的に知らされたのです。

龍樹がおられた南インドのナーガールジュナ・コンダは、もともと深い谷になっていて、その渓谷に無数の石窟寺院があったそうです。素晴らしい仏教遺跡だったそうですが、今はダムができて水没してしまいました。小川一乗先生は、ダムに沈む前のナーガールジュナ・コンダに参拝しておられましたので、その様子をお聞きして、私も行ってみたいと思っていました。

水没した現代は、ダム湖の中心に島があって、下にあった龍樹の遺跡の大切なものを島にあげて博物館になっています。寺川先生が行かれたときに、「延塚さん、やはり行くべきです。下にあったものを上にあげただけなのですが、私は、それを見てよく教えられました。龍樹は大乗仏教を開いた方で、第二の釈尊と言われていますが、どこまでも釈尊の弟子なのです。それがよくわかりました」と言って感激しておられました。それをお聞きして、私も後に、ナーガールジュナ・コンダに参拝いたしました。そのときに、親鸞の訓み替えの意味を確信したのです。

龍樹は、南インドに出て、有無の邪見を破して、空の覚りを説いてくださいました。これは、四聖諦や十二縁起という釈尊の覚りの内容を空と表現し直したのであって、龍樹が釈尊の覚り以外のものを作り出したわけではありません。だから「南天竺に比丘あらん」と言うように、『入楞伽経』には釈尊の予言で、龍樹がこの世に出現したと説かれています。仏から予言されて、仏のほうから来てくれた菩薩として、親鸞は龍樹を讃えるのです。
ところがその釈尊でさえも、親鸞は「弥陀和讃」で次のように讃詠します。

二　久遠実成阿弥陀仏
　五濁の凡愚をあわれみて
　釈迦牟尼仏としめしてぞ
　迦耶城には応現する
（『真宗聖典』四八六頁）

つまり、仏教は釈尊から始まるのですが、その根拠は弥陀の本願であるというのです。『歎異抄』に「弥陀の本願まことにおわしまさば、釈尊の説教、虚言なるべからず」（『真宗聖典』六二七頁）と、弥陀の本願から始まるように、釈尊が説こうが説くまいが、「久遠実成阿弥陀仏」の一乗永遠の世界は真実です。それを釈尊が根本教主として初めて浄土三部経で説き、人類として初めて龍樹がその弥陀教を宣布したということになります。『高僧和讃講義』㈠でも詳しく述べましたが、龍樹は、人間から仏へという自力の聖道門ではなくて、仏のほうから一切衆生を救うという弥陀教を説いてくださった菩薩であると讃詠しているのです。

その意味で言えば、七祖すべてが弥陀の本願から生まれた祖師たちです。それを初祖の龍樹菩薩に、代表させたのだと思います。ところが善導・源信・源空の和讃までくると、改めてその三祖の和讃は、弥陀の応化身であるというところから始まります。あまりこだわらなくてもいいのかもしれませんが、それはなぜでしょうか。

弥陀から開かれた仏教に目を開くのは、何と言っても善知識との出遇いです。それを回心と言います。阿弥陀如来のほうから言えば回向ですが、衆生のほうから言えば回心です。ですから、回心を通して初めて弥陀の本願力回向の仏道に目を開くのです。親鸞は、法然と出遇って浄土に願生する者になったときに、法然を決定的に第二十二・還相回向の願に乗託して浄土から還相した菩薩と仰ぐことになります。善知識を還相の菩薩と仰ぐ、そこに弥陀教に目を開く初心があります。その法然がもっぱら善導を語り、また源信のことを善導の教えに帰した念仏者として褒めていました。それはほとんどの法然の講義がそうですから、親鸞は法然門下のときに、法然の講義で何度も聞いて、生きた善導と源信に触れたのでしょう。

源空和讃の第三首目に、

三　善導源信すすむとも
　　本師源空ひろめずは
　　片州濁世のともがらは

いかでか真宗さとらまし

（『真宗聖典』四九八頁）

と詠われています。この和讃でも、まずは善導・源信・源空の三人の名前が挙げられますから、親鸞にとっては三人が一つとして憶われていたのでしょう。この和讃の意味は、「善導と源信が念仏を勧めてくださっていますが、師の法然が称名念仏を弘めてくださらなかったら、世界の片隅の末法に生きる人々が、どうして真宗の教えに遇うことができたでしょうか」ということでしょう。これは善導・源信を貶めて、師の法然を褒めている歌ではなくて、源信・善導は師の法然の念仏の教えから、改めて見えてきた先達であることを示していると思われます。浄土真宗は善導・源信のところで明らかにしてくださっていますが、私親鸞にとっては、源空の教えによって初めて、そのことが明確に頷けたと詠っているのです。七祖は、龍樹・天親・曇鸞・道綽・善導・源信・源空とインドから順に述べられていますが、事実は源空から源信・善導とさかのぼっていくのでしょう。その意味で、七祖は源空一人に収斂されるといっても過言ではありません。その際、先の和讃でもわかるように、特に善導・源信は還相の菩薩と仰ぐ法然と一つになって、最も身近な祖師と感じていたのではないでしょうか。それが、善導・源信・源空の和讃がどれも応化身から始まる理由であると思われます。

私は、松原祐善先生と寺川俊昭先生のお二人にお育てをいただきました。お二人の先生にいつも感じていたことは、私などが逆立ちしても追いつくような方ではない、自我を譲らない私などと質が違って、私のために浄土から来た先生だと感じていました。松原先生は癌で亡くなりましたけれども、「癌も私がいただいたものであります。生きることも、死ぬことも如来にいただいたものであります」と、この世の生老病死にとらわれない命を、私のために教えて浄土に還られました。

その先生の講義は、いつも決まっていました。まず『大経』の本願成就文の話をして、それを具体的に生きた清沢満之先生のことに及ぶのです。どんな講義でも必ずその順番で話が展開するものですから、大学院になると先生の講義を覚えていたくらいです。特に清沢先生の話になると、ご自身の信念を表明しているのか、清沢先生の信念について語っているのか、全く区別がつきませんでした。しかし、いつの間にか、それが私の身に染み込んでいたのでしょう。気がつくと私は、清沢満之先生を学ぶ者へと育てられていました。

松原・清沢両先生に共通の事実は、お二人とも結核に罹ったことです。単に結核になったというのではなくて、それを通して仏道に立ち、死んだところからもう一度この娑婆を見、人間を見ていることです。私たちは、本能的に生きることを前提として物を見ますが、死んだところから見る眼差しには、自我をも超えた恐ろしさを感じていました。それは、信心の智慧と言ってもいいのでしょうが、私はそれがどのように起こってきたのか、それが知りたかったのです。

松原先生は、「結核によって、仏道が腹に落ちました」と仰っていましたし、また、「清沢満之先生は優しい方です。私は「咯血したる肺病人に与ふるの書」を読んで、生きた清沢先生にお遇いしたのです」と仰っていたので、先生の信心の本は清沢先生にあると、私は学生のころから確信していました。ですから私は、一般的な清沢満之を学びたかったのではなくて、結核で苦しんだ松原先生を、仏者として蘇らせた清沢先生を学びたかったのです。言葉を換えて言えば、松原先生の信心に映っていた清沢満之先生、それを徹底的に学びたかったのです。それと同じように親鸞も、法然の他力の信心に映っていた善導・源信について、徹底的に学ばれたのではないでしょうか。もしその視点が欠けると、『観経疏』にしても『往生要集』の理解にしても一般的な解釈学に転落して、観仏三昧を説いているのか称名念仏を説いているのか、混沌として決着がつかなくなるのだと思います。

寺川先生には、よくインドに連れて行っていただきました。ある日、旅の途中でホテルの部屋に呼んでくださって、タンドリーチキンを取ってお酒やワインを飲ませていただきました。気にかけてくださったことが嬉しくて、有頂天になっていましたが、後で一緒に旅をしていた方に聞くと私だけではなかったのです。

大人数の団体で旅行に行っても、その中には二〜三人ずつのグループで来ていますよね。あるグループはホテルの外のレストランで先生に食事をさせてもらったそうですし、あるグループは喫茶店に行ってお茶を飲ませてもらったと聞きました。旅が始まってから終わるまで、よく考えると全員を、そうやって気にかけてくれていたのです。私などは、近しい人とお酒を飲むとか、仲のいい人と食事に行くとかはありますが、とてもそこまで気が回りません。全員に気を配っておられたことを聞いたとき、この先生は浄土から還ってきた菩薩だと、涙が出るほど感激したことがありました。

仲間で固まっていると、他の人は嫌な思いをします。だから娑婆に合わせて、旅が終わるまでの間に、みんなと接しておられたのです。それは、気が利くという類のことではなくて、仏教に生きている人は、人間の気持ちがよくわかっているのです。誰もが、自分がかわいいという根性が抜けません。それが駄目だというのではなくて、それに合わせて生きていけるのです。そこに浄土から還ってきた菩薩の風格を感じて、自分が恥ずかしくて涙を流したことがありました。

私たちは浄土に往こうと頑張って、欲を超えようとか、自我を超えたいと思いますが、本当に偉い方は浄土から還って来て、娑婆に随順して生きていけるのです。そんなちょっとしたことの中に浄土から還った方と仰ぐ、生活の事実があるのではないでしょうか。

親鸞は、法然を阿弥陀如来の化身と仰ぎました。ですから、法然の説法を通して、生きた善導と生きた源信に遇ったのでしょう。そこに、善導・源信・源空の和讃が、浄土から来た人であるというところから始まっている理由があるのだと思われます。これは龍樹がそうですから、基本的には七祖全員が浄土の菩薩です。ただ、最も身近な法然を通して、善導と源信の説法を頻繁に聞いていたわけですから、お二人の祖師は、師の法然と一つとして仰がれたのでしょう。

ですから、第一首目の和讃は、私だけではなくて慶祐という僧までもが、源信を浄土から還って来た仏者と仰いでいたと言うために、あえて『慧心院源信僧都行実』という伝記をもとにしたのでしょう。第二首目の和讃は、『往生要集』にそのもとがありますが、この和讃は『往生要集』での源信のお仕事の全体を総括して詠ったものですから、初めの二つの和讃が源信和讃全体の総相の歌だと思われます。

三、源信和讃全体の概説

これから尋ねますが、源信和讃の第一首目以降は、ほとんどが『往生要集』をもとにして詠われています。それぞれの和讃については後で詳しく尋ねるとして、ここでは全体の大まかに概観を記しておきましょう。その際、「正信偈」の源信讃が大切な視点になりますから、再度その讃歌を掲げておきます。

源信、広く一代の教を開きて、　ひとえに安養に帰して、一切を勧む。
専雑の執心、浅深を判じて、　報化二土、正しく弁立せり。
極重の悪人は、ただ仏を称すべし。　我また、かの摂取の中にあれども、
煩悩、眼を障えて見たてまつらずといえども、
大悲倦きことなく、常に我を照らしたまう、といえり。

（『真宗聖典』二〇七頁）

この文の最初にある「源信、広く一代の教を開きて、ひとえに安養に帰して、一切を勧む」という部分が、和讃の第一首目と第二首目の総相の和讃に相当します。次の「専雑の執心、浅深を判じて、報化二土、正しく弁立せり」という部分は、親鸞が『往生要集』から教えられた内容ですから、和讃で言えば、

三　霊山聴衆とおわしける
　源信僧都のおしえには
　報化二土をおしえてぞ
　専雑の得失さだめたる

四　本師源信和尚は
　懐感禅師の釈により
　処胎経をひらきてぞ
　懈慢界をばあらわせる

五　専修のひとをほむるには
　千無一失とおしえたり
　雑修のひとをきらうには

万不一生とのべたまう

六　報の浄土の往生は
おおからずとぞあらわせる
化土にうまるる衆生をば
すくなからずとおしえたり

（『真宗聖典』四九七頁）

という第三首目から第六首目の和讃に相当します。

そして「正信偈」の最後の、「極重の悪人は、ただ仏を称すべし。我また、かの摂取の中にあれども、煩悩、眼を障えて見たてまつらずといえども、大悲倦きことなく、常に我を照らしたまう、といえり」という部分が、和讃でも第七首目から最後の第十首目の和讃に相当します。それを挙げておきます。

七　男女貴賤ことごとく
弥陀の名号称するに
行住座臥もえらばれず
時処諸縁もさわりなし

八　煩悩にまなこさえられて
　摂取の光明みざれども
　大悲ものうきことなくて
　つねにわが身をてらすなり

九　弥陀の報土をねがうひと
　外儀のすがたはことなりと
　本願名号信受して
　寤寐にわするることなかれ

十　極悪深重の衆生は
　他の方便さらになし
　ひとえに弥陀を称してぞ
　浄土にうまるとのべたまう

（『真宗聖典』四九七〜四九八頁）

このように源信和讃は十首あり、初めからほとんどが『往生要集』をもとに詠われています。その全体の構造は、第一首目と第二首目が「正信偈」の「源信広開一代教」に当たります。次の第三首目から第六首目までが「専雑執心判浅深」に、第七首目から第十首目までが「極重悪人唯称仏」に当たるのです。

総相の和讃を除いて、親鸞が源信の『往生要集』から教えられた知見が大きく前半と後半の二つに分かれています。一つは前半の「専雑執心判浅深」に象徴される知見です。もう一つは「極重悪人唯称仏」に象徴される知見です。

実は『教行信証』「信巻」の「三心一心問答」と、「化身土巻」の「三経一異の問答」、この二つの問答は親鸞の己証を表明した問答で、『教行信証』全体の核心になるところです。ところが、この二つの問答の直前に、源信の『往生要集』からの引文が掲げられているのです（「信巻」は『真宗聖典』二二二～二二三頁、「化身土巻」は『真宗聖典』三三〇頁）。なぜ親鸞の己証を丁寧に表明する直前に、どちらも『往生要集』の文が掲げられるのか。それが明確にならない限り、親鸞が源信をどう見ていたかが確定しません。

そもそもこれまでの講義でも述べましたが、七祖の中で道綽と源信の意味が一番わかりにくいのではないでしょうか。『高僧和讃講義』㈢では、その道綽に親鸞が託した役割は、一代仏教を聖道門と浄土門とに分けて、凡夫までも救う仏教は浄土門しかないと、浄土宗を思想的に立教開宗した仏者であることを明らかにしたつもりです。それを受けた善導は、称名念仏という行に立って、道綽の立教開宗の意味を観経教学として大成した仏者です。法然は、この道綽・善導の思想的な浄土宗独立のお仕事を、この辺州濁世の日本で歴史的な事実にまでしたのです。

それならば、源信に託した役割は何か。それが解けない限り、『高僧和讃』を読めたことにはならないでしょう。それを説く最大の鍵が、先に述べた二つの問答の直前にある『往生要集』の文の意味を説くことです。これからそれを丁寧に尋ねていきたいと思いますが、ここでは簡単にその目安を述べておきます。「化身土巻」の「三経一異の問答」の直前は、懐感の懈慢界の文章が引用されますから、和讃で言えば前半の内容になります。「信巻」の「三心一心問答」のほうは「大悲無倦常照我身」の文章が引かれますから、後半の内容になります。しかもその二つの引文が、親鸞の己証の思索を決定したことになりますから、師の法然に次いで大切な意味を持つことになります。源信は七祖の中でなんとなくわかりにくいというような、従来からの風潮を吹き飛ばすような意味が託されているのだと思います。

四、源信和讃の前半

1、霊鷲山の聴衆

まず、第三首目の和讃から見ていきましょう。

三　霊山聴衆とおわしける
　　源信僧都のおしえには
　　報化二土をおしえてぞ
　　専雑の得失さだめたる

（『真宗聖典』四九七頁）

この和讃の意味は「霊鷲山の聴衆であった源信が、報化二土を教え、専修と雑修の得失をさだめた」と詠っています。霊鷲山は、『大経』と『観経』が説かれた場所です。しかし源信は、先にも申しましたが、『大経』の論書である『教行信証』の親鸞の己証を決定した仏者ですから、『大経』の仏者と見るべきでしょう。

江戸時代の講録等を見ると、龍樹・天親・曇鸞の上三祖は『大経』を明らかにした祖師であり、道綽・善導・源信・源空の下四祖は『観経』を明らかにした祖師であると解説しています。確かに、上三祖は『大経』を明らかにしたと言えますし、また下四祖の内の道綽・善導・源空は『観経』による仏者と言うことができます。しかし、源信を単純に『観経』による祖師と見ることができるでしょうか。

親鸞が「霊山聴衆とおわしける」と詠いますが、源信は、『大経』に立った親鸞の思想を決定した仏者なのですから、当然『大経』の会座におられたと尊敬しているのではないでしょうか。それは、源信が『大経』をよく聞かれたということです。それによって報土と化土を正しく定め、さらに、専修の執心こそが報土を開き、雑修の執心は化土に生まれるということを明らかにしたのです。

親鸞が浄土を語るときの基本的な用語は、真実報土です。親鸞は指方立相を取りませんので、西方浄土とは言いません。親鸞が言う真実報土とは、念仏に帰したときに本願のほうから開かれてくる浄土という意味です。化土は、第十九願・第二十願の自力によって生まれる浄土のことです。雑修の執心とはその自力の心で、自力の雑ざった行を雑行と言います。専修の執心とは、第十八願の願心、つまり、阿弥陀如来の本願に目覚めた心を言います。

ですから、霊鷲山で釈尊の『大経』の教えを直接聞いたから、源信は報土と化土とを分けることができた。しかも、報土は専修の執心（第十八願）が生まれる、化土は雑修の執心（第十九願・第二十願）が生まれると、善導までの行と浄土との関係を超えて、衆生の心によって分けられたのです。『大経』の四十八願は、如来の智慧で見抜いた衆生の在り方が説かれています。この源信の衆生の心にまで踏み込んだ智慧に、とても人間技ではないという感動を覚えたのでしょう。ですから親鸞は、霊鷲山で『大経』の会座に居られた方だと、源信を尊敬するのです。

この第三首目の和讃は、これ以降に詠う『往生要集』の内容の総相になる和讃だと思います。ですからこの和讃に収斂している内容を、これ以降の和讃でよくわかるように展開しておられます。一体、『往生要集』のどこからこの第三首目に詠う内容を学んだのか。それを第四首目以降で明らかにしていきましょう。

2、専雑の得失

さてそれでは、第四首目以降の和讃を尋ねたいと思いますが、ここは一まとめになっていますので、第六首目までを同時に尋ねましょう。

四　本師源信和尚は
　　懐感禅師の釈により
　　処胎経をひらきてぞ
　　懈慢界をばあらわせる

五　専修のひとをほむるには
　　千無一失とおしえたり
　　雑修のひとをきらうには
　　万不一生とのべたまう

六　報の浄土の往生は
　　おおからずとぞあらわせる

化土にうまるる衆生をば
すくなからずとおしえたり
（『真宗聖典』四九七頁）

第四首目の和讃は、「源信和尚は、懐感禅師の『群疑論』に引用されている『菩薩処胎経』によって、雑修の人が生まれる懈慢界を、『大経』の化土であると明らかにしてくださった」という意味です。第五首目の和讃は、「専修の人は千人いればすべて報土に往生すると褒め、反対に雑修の人は万に一人も生まれないと、その得失を明らかにしてくださった」という意味です。第六首目の和讃は、「他力専修によって真実報土に生まれるものは少ない。自力雑修によって化土に生まれるものは多いと、教えてくださった」という意味です。

この第四首目から第六首目までの和讃は、すべて『往生要集』に引用している懐感の『群疑論』をもとにした和讃です。この文章は、『往生要集』下巻の最後に当たるのですが、『高僧和讃講義』㈢でも述べたように、源信は道綽と善導の師資相承を見抜いています。それを法然が褒めるのですが、道綽と善導の師資相承を表す文のすぐ後に続く文が、この懐感の『群疑論』の文章です。少し長いのですが、大切な文章ですので引用してみます。

問う。もし必ず畢命を期となさば、いかんぞ感和尚は「長時・短時、多修・少修、皆往生すること得」と云えるや。答う。業類一にあらず、かるがゆえに二師ともに過なし。しかれども畢命を期となし、勤修して怠ることなくば、業をして決定せしむるにこれを張本となす。問う。『菩薩処胎経』の第二に説かく。「西方此の閻浮提を去ること十二億那由他に懈慢界あり、国土快楽にして、倡妓楽を作す。衣被・服飾・香華もて荘厳せり。七宝転開の床ありて目を挙げて東を視るに、宝床随いて転ず。北を視、西を視、南を視るも、またかくの如く転ず。前後に意を発する衆生、阿弥陀仏国に生まれんと欲う者、皆懈慢国土に深く著して、前に進みて阿弥陀国に生まるることあたわず。億千万の衆、時に一人ありてよく阿弥陀仏国に生ずと。」已上　この経を以て准難するに生を得べしや。答う。『群疑論』に善導和尚の前の文を引き、しかしてこの難を釈して、また自ら助成して云わく。「この経の下の文に言わく。何を以てのゆえに、皆懈慢に由て執心牢固ならずと。ここに知んぬ、雑修の者は、執心不牢の人となす、かるがゆえに懈慢国に生ずるなり。もし雑修せずして専らこの業に行ぜば、これ即ち執心牢固にして定めて極楽国に生ぜん。乃至　また報の浄土に生ずる者は極めて少なし、化の浄土の中に生ずる者は少からず。かるがゆえに経に別説、実に相違せざるなりと。」已上

（『真宗聖教全書』一・八九八頁）

ここで源信が「問う」と問いを起こすのは、この文の前の善導の『往生礼讃』の文を受けてのことです。その文で善導は、「臨終を最後と定めて念仏する人は、十人が十人とも、百人が百人とも、往

生することができる。しかし念仏の専修をやめて雑行を修する人は、百人いれば希に一人か二人、千人いれば希に三人か五人生まれるだけである」と述べています。わかりやすいように和訳をしていますが、この文を受けての問いです。それでは、先の『往生要集』の文の意味を取ってみましょう。

「問う。臨終を最後と定めて念仏するなら、（善導は先のように言っているのに）なぜ懐感禅師は「念仏が長時間でも、短時間でも、多くても少なくても、皆浄土に往生することができる」と言うのであろうか。

答える。修行の種類は一様ではないので、善導・懐感、二師ともに誤りではない。しかし臨終を最後と定めて、念仏に努め励んで怠ることがなければ、それが修行を決定的なものにするのである。

問う。『菩薩処胎経』の第二巻に、次のように説かれている。「西の方、この娑婆（閻浮提）から遠く隔たった十二億那由他のところに懈慢界がある。そこは快い楽しみに満ち、踊りや音楽が絶えず、衣服やその他のものは、香や花で飾られている。七宝で飾られた床は、目を挙げて東を見ようとすると東に向き、北や、西や、南を見ようとしても、思い通りにその方向を向く。心を発して阿弥陀の国に生まれたいと欲する者でも、皆この懈慢界に深く執着して、その先の阿弥陀如来の国に生まれることができない。億千万という人の中でも、たった一人だけが、その先の阿弥陀の国へ生まれることができるのである。」この経に準ずるならば、本当に生まれることができるのであろうか。

答える。『群疑論』に善導和尚の先の文を引用して、懐感自身もそれについて、次のように述べている。「この『菩薩処胎経』のすぐ後の文章には、皆がどうして懈慢界に留まるのかといえば、その心が堅固でないからだと説かれている。これによってすぐにわかるであろう。雑修の人は心が堅固でないために懈慢界に生まれるのである。もし、雑修せずに念仏の専修に徹すれば、この人は心が堅固であるから、阿弥陀如来の浄土に生まれることが決定するのである。また真実報土に往生するものは、極めて少ない。それに対して化土に往生する者は多い。だから経典はそれを区別して説いているのであって、食い違っているわけではない」。少し長いのですが、このような意味です。

要するにこの箇所の趣旨は、源信が、善導の『往生礼讃』の文と、懐感の『群疑論』の文章を合わせて読んで、それを総合しながら自説を述べているところです。善導は『往生礼讃』で、行について専修と雑修に分けて、「専修の者はすべて阿弥陀の浄土に往生するが、雑修の者は希に数えるほどしか往生しない」と述べていました。それに対して懐感の『群疑論』では、『菩薩処胎経』の教説によりながら、そこに説かれる懈慢界が人間の欲望に応じた世界であることから、「往生人が懈慢界に留まるのは、自力の欲から離れられない執心不牢の人であるからです。それとは違って阿弥陀如来の浄土に往生する人は、執心堅固の人だからです」と説かれていました。

源信は、善導と懐感の二つの教えによって、懈慢界とは人間の欲にすべて応える世界だから、『大経』に説かれる化土であると決定します。さらに、善導の説く雑修の行とは自力の欲にまみれた執心不牢の人の行であり、専修の行とは他力の金剛心を生きる執心牢固の人の行であることを決定します。

これはまた後で詳しく確認しますが、善導まではどこまでも正行（専修）と雑行（雑修）というように、行の規定なのです。ところが源信は、それをもう一歩踏み込んで、行を実践する人間のほうの自力性に注目しているのです。「懈慢界は人間の欲望をすべて満たす世界だから、自力の欲の抜けないものはその懈慢界に留まってそこから先に進もうとはしない」という『菩薩処胎経』の教説は、煩悩的な在り方でしかない人間を見抜いた、いかにもリアルな教えではないでしょうか。その教えに従って、行を実践する人間（機）のほうに完全に視点を移したのです。

親鸞は、源信の人間洞察の鋭さと正確さ、それに感佩して「専雑の執心、浅深を判じて、報化二土、正しく弁立せり」と詠ったのです。私は長い間この文の「報化二土、正しく弁立せり」に囚われて、報化二土を正しく定めたのは善導ではないか、その大切なお仕事を、なぜ親鸞は源信に譲るのであろうか、と思ってきました。しかしこの「正信偈」の文の重心は、その前にある「専雑の執心、浅深を判じて」のほうにあり、それこそ源信の大きなお仕事であると言っていることがよくわかりました。だから、親鸞は『教行信証』「化身土巻」で「報化二土」を明らかにする文章を引用した後に、

しかればそれ楞厳の和尚の解義を案ずるに、念仏証拠門の中に、第十八の願は「別願の中の別願」なりと顕開したまえり。『観経』の定散諸機は「極重悪人唯称弥陀」と勧励したまえるなり。濁世の道俗、善く自ら己が能を思量せよとなり。知るべし。

と述べ、第十八願を「別願の中の別願」と示し、「極重悪人唯称弥陀」と勧め、さらに「濁世の道俗、善く自ら己が能を思量せよ」と呼びかけるのだと思います。
（『真宗聖典』三三〇～三三一頁）

親鸞はこの源信の教えに従って、「化身土巻」の「三経一異の問答」の中で、「雑修」を行じる雑心と「専修」を行ずる専心の、人間の心のほうに焦点を当てて実に綿密な推究をしています。それを受けて次のように言います。

おおよそ浄土の一切諸行において、綽和尚は「万行」と云い、導和尚は「雑行」と称す、感禅師は「諸行」と云えり、信和尚は感師に依れり、空聖人は導和尚に依りたまうなり。経家に拠りて師釈を披くに、雑行の中の雑行雑心・雑行専心・専行雑心なり。また正行の中の専修専心・専修雑心・雑修雑心は、これみな辺地・胎宮・懈慢界の業因なり。かるがゆえに極楽に生まるといえども、三宝を見たてまつらず、仏心の光明、余の雑業の行者を照摂せざるなり。仮令の誓願、良に由あるかな。
（『真宗聖典』三四三頁）

この文の大切なところだけを解説しておきましょう。ここは『観経』の第十九願の自力を解明していく文章ですから、「経家に拠りて師釈を披くに」というのは、『観経』によって道綽・善導・懐感・源信・法然の教えを考えると、という意味です。浄土の行の中で、正行と雑行に分けたのは善導です。雑行は自力の行ですから、真実報土に往生しないのは当然ですが、正行は称名念仏のことですから、善導はそれを実践すればすべてが往生すると説いていました。しかし親鸞は、先の源信の教えによって念仏を称える人間の心にまで踏み込んで、一心不乱に念仏を称える「専修専心」であろうと、自力の雑じった「専修雑心」であろうと、三部経の読誦などを一緒に実践しようとする「雑修雑心」であろうと、すべて自力であると判定しています。念仏を称える「専修専心」は、衆生の究極のまじめさですから、これ以上に崇高な心はありません。しかし正行の念仏を称えていても、人間から努力する「専心」はどんなに崇高であろうと自力なのだから、「辺地・胎宮・懈慢界の業因なり」と、化土に往生すると言うのです。このように『大経』の信心に立って称名念仏する心にまで言及している親鸞の思索は、先の源信に導かれて、親鸞の独壇場と言ってもいいところです。この衆生の自力性への洞察が、やがて親鸞独自の第二十願の機の解明へと進んでいくのです。

さて先の源信の教えに戻りますが、その教えによって第十九願・第二十願の執心不牢の人は化土の往生に留まり、第十八願の執心堅固の人は阿弥陀如来の浄土往生が決定するのです。そして、化土に往生する者は多いけれども、報土に往生する者は実に少ないことを詠っているのが、次の三つの和讃でした。

四　本師源信和尚は
　懐感禅師の釈により
　処胎経をひらきてぞ
　懈慢界をばあらわせる

五　専修のひとをほむるには
　千無一失とおしえたり
　雑修のひとをきらうには
　万不一生とのべたまう

六　報の浄土の往生は
　おおからずとぞあらわせる
　化土にうまるる衆生をば
　すくなからずとおしえたり

（『真宗聖典』四九七頁）

これらの和讃はすべて、『往生要集』の先の文章をもとにして詠われていることは明らかでしょう。それを確認しておいてください。

3、善導のお仕事

私は、報土と化土とを明確に示したお仕事は、善導であると長く思ってきました。それは、一応間違ってはいないと思われます。そもそも真実報土とは、真実の本願に酬報された浄土という意味ですから、七祖の中でその源を言えば、曇鸞の『論註』の不虚作住持功徳の註釈にあると思います。そこには次のように説かれています。

「不虚作住持功徳成就」は、蓋しこれ阿弥陀如来の本願力なり。（中略）言う所の不虚作住持は、本、法蔵菩薩の四十八願と、今日の阿弥陀如来の自在神力とに依るなり。願以て力を成ず、力以て願に就く。願、徒然ならず。力、虚設ならず。力願相い符うて、畢竟じて差わざるがゆえに成就と曰う。

（『真宗聖教全書』一・三三一頁、中略筆者）

ここでは、因の法蔵菩薩の本願に果の阿弥陀如来の仏力が実現し、果の仏力の中に因の本願を憶念するというように、因と果とがお互いに成就し合うと説かれています。つまり本願の成就とは、因の本願に果の浄土が開かれ、果の浄土のはたらきの中に因の法蔵菩薩のご苦労を感謝するのです。ですからここに、因の本願に酬報された浄土が説かれていることになります。しかし『論註』ではまだ、報土という言葉は使われていません。

ところが隋唐の時代になると無著の『摂大乗論』による摂論学派から、『観無量寿経』の下品下生に説かれる念仏往生は、『摂大乗論』に説かれる別時意趣に当たる方便の教えである、という批判にさらされるのです。別時意趣とは、念仏によって浄土に往生してもすぐに成仏するのではなく、浄土で長い間修行をして、その後に仏に成るという説です。『観経』には「発願して」と説かれているから浄土に生まれたいという願いは認めても、念仏は成仏の行ではなく、凡夫往生のための方便の教えであると言うのです。その批判を「唯願無行」と言います。

この批判の中で道綽と善導は苦労しながら、その批判に応えようとしますが、その際、阿弥陀如来の浄土とはどういう世界であるのかが、改めて問われることになります。言うまでもなく『大経』では、法蔵菩薩の五劫思惟を経て建てられた四十八の本願が、兆載永劫の修行によって浄土になるわけですから、阿弥陀如来の浄土は法蔵菩薩の本願に報われた国です。その限り、人間の分別をも超えた世界として説かれ、人間の努力によって建てられたユートピアとは全く異質な世界です。この報仏・報土、これこそが浄土の祖師たちが立った浄土ですし、そこに立って批判に応えなければなりませんので、道綽・善導以降、報仏・報土が俄然クローズアップされていくことになります。

道綽は『安楽集』、第二大門の第九別時意趣に「第九に『摂論』とこの『経』（『観経』）と相違するに拠りて、別時意の語を料簡せば」（『真宗聖教全書』一・三九八頁、丸括弧内筆者）と言って、摂論学

派に異を唱えます。この議論に入る前の第一大門で道綽は、

問うて曰わく。今現在の阿弥陀仏はこれ何なる身ぞ、極楽の国はこれ何なる土ぞや。答えて曰わく。現在の弥陀はこれ報仏、極楽宝荘厳国はこれ報土なり。

(『真宗聖教全書』一・三八二〜三八三頁)

と、阿弥陀の身もその浄土も、報仏・報土であると決定しています。ですから、衆生の往生成仏も因の本願の酬報によって決定されるのです。『観経』下々品の十念往生も、本願の因がなければ、善知識に遇うこともできませんし、まして十念往生が決定されるはずがありません。

『観経』には、直接本願の教えが説かれていませんから、下々品の十念往生のところには、その本願の因は隠されているのです。ですから道綽は、因の本願を無視して、観念的に果の成仏のみを詮索しているのが摂論学派の別時意趣であると言うのです。もちろんこの当時は摂論学派に遠慮して、真っ向から対立するのではなくて『観経』と別時意説との会通を計るという形を取ってはいますが、因を無視した考え方であるという点は一貫しています。そこに、『大経』の本願に立った道綽の信心の確かさが窺われるところです。

さて、善導の最も大切なお仕事は、称名念仏を浄土の行と決定したことでした。『高僧和讃講義』

㈢でもそのお仕事の中心をなす「六字釈」に言及しましたが、あれも実は、摂論学派の別時意趣の論難に応えるためのお仕事なのです。ですから「唯願無行」という摂論学派の論難に対して、善導は次のように言います。

今この『観経』の中の十声の称仏は、すなわち十願・十行ありて具足す。いかんが具足する。南無と言うは、すなわちこれ帰命なり、またこれ発願回向の義なり。阿弥陀仏と言うは、すなわちこれ、その行なり。この義を以てのゆえに、必ず往生を得、と。（『真宗聖教全書』一・四五七頁）

この文でわかるように、「唯願無行」という批判に応えるために、六字釈がなされています。「下品下生の十念には、願も行も具足している。どのように具足しているかというと、南無阿弥陀仏の「南無」には、「帰命」という意味と、また「発願回向」という意味がある。「阿弥陀仏」というのは「その行」である。南無阿弥陀仏にはこのような意義が具わっているから、必ず往生を得る」と、善導は南無阿弥陀仏に、「発願回向」の「願」と「阿弥陀仏」の「行」とが、どちらも具わっているという了解をしています。この「願行具足」によって、必ず往生を得ると、浄土教の核心を南無阿弥陀仏一つに収めた了解です。その意味で、浄土教史上で金字塔と言ってもいい了解なのです。

善導はこの六字釈で、南無阿弥陀仏に「願行具足」すると説くのは、往生は人間の自力ではないことを言うためです。生涯悪を重ねた下々品の悪人の往生がかなうのは、浄土が本願に酬報された土だからです。善導はこの六字釈のすぐ後に、次のように述べています。

問うて曰く。弥陀の浄国は、はたこれ報なりや、これ化なりとせんや。答えて曰く。これ報にして化に非ず。云何が知ることを得る。『大乗同性経』に説くがごとし。「西方の安楽の阿弥陀仏は、これ報仏報土なりと。」また『無量寿経』に云わく、法蔵比丘、世饒王仏の所に在して、菩薩の道を行じたまいし時、四十八願を発して、一一の願に言わく、もし我仏を得んに、十方の衆生、我が名号を称して、我が国に生まれんと願ぜん、下十念に至るまで、もし生まれずは正覚を取らじと。今既に成仏したまえり。即ちこれ酬因の身なり。

（『真宗聖教全書』一・四五七頁）

意味は次のようです。「阿弥陀如来の浄土は、報土であるか化土であるか。答えて言う。報土であって化土ではない。どうしてそれを知ることができるかと言えば、『大乗同性経』に「西方浄土の阿弥陀仏は、報仏・報土である」と説かれているからです。さらに『無量寿経』には、法蔵菩薩が世自在王仏のもとで、菩薩の行を行じた時、四十八願の一々に、「もし我仏を得んに、十方の衆生、我が名号を称して、我が国に生まれんと願ぜん、下十念に至るまで、もし生まれずは正覚を取らじ」と誓われている。今、南無阿弥陀仏と阿弥陀如来に帰依していますが、この阿弥陀如来は、法蔵菩薩の因の本願に報われた身です。ですからその如来の浄土は、当然、報土以外にはありえません」。このように善導は説いて、阿弥陀如来の浄土が報身・報土であることを明らかにします。

このように道綽にしろ善導にしろ、浄土教で一切衆生が救われるのは、浄土が衆生の自力の修道とは何の関係もなく、本願によって酬報された報土であることを明確にするのです。その報土を明らかにするときに、南無阿弥陀仏の名号のところから、つまり衆生の行として明らかにした六字釈に、善導の発揮があります。ですから善導は、浄土を開く行と、そうではない自力の行とを明確に判別していくことになります。『観経疏』散善義に、それを次のように述べています。

この正の中に就いて、また二種あり。一には一心に弥陀の名号を専念して、行住坐臥、時節の久近を問わず、念念に捨てざるは、これを正定の業と名づく。彼の仏願に順ずるが故に。もし礼誦等に依らば、即ち名づけて助業となす。この正助二行を除きて、已外の自余の諸善は、悉く雑行と名づく。もし前の正助二行を修するは、心常に親近し、憶念断えず、名づけて無間となすなり。もし後の雑行を行ずるは、即ち心常に間断す。回向して生を得べしといえども、すべて疎雑の行と名くるなり。

（『真宗聖教全書』一・五三七～五三八頁）

善導は「一心専念弥陀名号」、これを「正定業」と言い、経典の読誦・礼拝等は「助業」と名づけています。それ以外のもろもろの善行を「雑行」と言います。もし「一心専念弥陀名号」を中心にして助業を修めるならば、阿弥陀如来に親近し憶念することができますが、雑行を修めても往生がかなわないと、言うのです。このような思索をくぐって善導は、『往生礼讃』で、

もし能く上のごとく念念相続して、畢命を期とする者は、十は即ち十ながら生じ、百は即ち百ながら生ず。何を以てのゆえに。外の雑縁なし、正念を得たるがゆえに、仏の本願と相応することを得るがゆえに、教に違せざるがゆえに、仏語に随順するがゆえなり。もし専を捨てて雑業を修せんと欲する者は、百は時に希に一二を得、千は時に希に三五を得。

（『真宗聖教全書』一・六五二頁）

と言うのです。このように、衆生の行が本願に順じた正行ならば、百人いれば百人とも往生がかなうが、自力の雑業ならば、千人いても希に三人か五人の往生に留まると言うのです。このように、衆生の行に集約して報の浄土を明らかにしたのが、善導のお仕事です。

ですから、私が報土と化土を明確にしたのは善導であると思ってきたのも、全く間違いではありません。しかし親鸞が、「正信偈」で「専雑の執心、浅深を判じて、報化二土、正しく弁立せり」と源信のお仕事を讃嘆するのは、衆生の行によって報土を明らかにした善導の了解をもう一歩進めて、行

を修する衆生の自力性を見破って、報化二土を決定した源信を讃えているのです。なぜなら道綽と善導に始まった報土・化土の問題は、源信にまできて初めて衆生の心の在りようと、直結することになるからです。それは、言葉を換えれば、親鸞が立った『大経』の教説に、源信を待って初めて着地することになるのです。

4、『大経』の胎生・化生

『大経』では、報土・化土の問題が胎生・化生として「正宗分」最後の智慧段に説かれています。この智慧段の初めに、阿難は、改めて無量寿仏に五体投地して「願わくは、かの仏・安楽国土およびもろもろの菩薩・声聞大衆を見たてまつらん」（『真宗聖典』七九頁）と要請します。それに応えて、無量寿仏が一切諸仏の世界を照らして見せるのです。その阿難に釈尊は、次のように問います。

「かの国の人民、胎生の者あり。汝また見るや、いなや」と。対えて曰さく、「すでに見たまえつ」と。「その胎生の者の処するところの宮殿、あるいは百由旬、あるいは五百由旬なり。おのおのその中にしてもろもろの快楽を受くること、忉利天上のごとし。またみな自然なり」と。

（『真宗聖典』八一頁）

阿難は胎生の者を見たと言い、宮殿の様子まで詳しく答えます。後の釈尊の説法から推測すると、阿弥陀仏の前に五体投地しても、なお消え去ることのない自力の執心によって、阿難は胎生を見たのでしょう。

この阿難の答えを聞くと、二人を代表して胎生の理由を弥勒菩薩が、「世尊、何の因、何の縁なれば、かの国の人民、胎生化生なる」(『真宗聖典』八一頁)と、質問します。自力の修行によって等覚の金剛心を得た菩薩でも、胎生に生まれる理由がわからないのでしょう。そのように、人間の自力の執心の深さは、どんなに優れた菩薩でも、人間のほうからは絶対にわからないのです。そこに、それを照らし出す如来の智慧が説かれる、智慧段が開設される理由があります。

その問いに、釈尊が次のように答えます。

もし衆生ありて、疑惑の心をもってもろもろの功徳を修して、かの国に生ぜんと願ぜん。仏智・不思議智・不可称智・大乗広智・無等無倫最上勝智を了らずして、この諸智において疑惑して信ぜず。しかるに猶し罪福を信じ善本を修習してその国に生ぜんと願ぜん。このもろもろの衆生、かの宮殿に生まれて寿五百歳、常に仏を見たてまつらず。経法を聞かず。菩薩・声聞・聖衆を見ず。このゆえにかの国土においてこれを胎生と謂う。

もし衆生ありて、明らかに仏智、乃至、勝智を信じて、もろもろの功徳を作して信心回向せん。

このもろもろの衆生、七宝華の中において自然に化生せん。跏趺して坐せん。須臾の頃に身相・光明・智慧・功徳、もろもろの菩薩のごとく具足し成就せん。（『真宗聖典』八一～八二頁）

釈尊が答えた胎生の理由の第一は、「疑惑の心をもってもろもろの功徳を修して、かの国に生ぜんと願ぜん」という説法です。ここに、「修諸功徳（もろもろの功徳を修して）」とありますので、これは第十九・修諸功徳の願の機を挙げています。

さらに第二の理由は、「しかるに猶し罪福を信じ善本を修習してその国に生ぜんと願ぜん。このもろもろの衆生、かの宮殿に生まれて寿五百歳、常に仏を見たてまつらず」と説かれます。これは説明する必要もなく、第二十・植諸徳本の願の機が説かれています。このように、弥勒菩薩でもわからなかった胎生の理由を、釈尊が第十九願と第二十願の自力の仏智疑惑にあると教えるのです。

しかしこの智慧段は、三毒五悪段からの説法の流れから見ても、獲信した人間の問題に焦点がありますから、無量寿仏に五体投地してもなお消え去ることのない自力の執心に重心があるのだと思われます。なぜなら宗祖は、先の第十九願と第二十願の文の全体を『浄土三経往生文類』で、第二十・植諸徳本の願の成就文と読むからです（『真宗聖典』四七四～四七五頁）。

要するに弥勒に対する釈尊の答えは、本願の名号を聞くことができたとしても、如来の回向をたのまずに、称名念仏を自らの善根に植え直して、名号の善本・徳本を功徳の本と執着する自力の問題性を指摘していることになります。それは、究極的には無意識の根本煩悩（無明）に胎生の理由があると教えているのです。

善本とは、因の法蔵菩薩の兆載永劫の修行を指しますし、徳本とは、果の阿弥陀如来の救いを指します。第二十願の機とは、「植諸徳本」の願名が示すように、如来の救いである徳本までも、自分の手柄に植え直そうとするのです。要するに、自分の救いまで自分で決めようとする根性です。それは、自力無効という機の自覚を忘れて、如来の仕事まで盗もうとする傲慢さに他なりません。この第二十願の機の信心の正体は、結局は仏智を了知することができない罪であり、罪福を信じる自力以外にないことが知らされます。このように第二十願は、自力の問題性から言えば、第十九願をも包むものであることから、釈尊は第十九願と第二十願とを並べて弥勒に教えたのでしょう。親鸞はその教えをよく了知して、この二つの願を共に第二十願の成就文として掲げたのであると思います。

さてここまで教えた釈尊は、最後に「もし衆生ありて、明らかに仏智、乃至、勝智を信じて、もろもろの功徳を作して信心回向せん。このもろもろの衆生、七宝華の中において自然に化生せん」と、如来回向の信心によって、蓮華化生の往生を遂げることを教えます。これは言うまでもなく、第十八・至心信楽の願成就文を表しています。

このように、第十八願への転入が蓮華化生と説かれますが、その蓮華化生と胎生との違いが「明らかに仏智、乃至、勝智を信じ」よと、どこまでも仏智を信じる回向の信心の純粋性だけで応えられています。ですから、親鸞はご自身の信心を表明する三願転入では、ここの釈尊の説法に順じて第十九願→第二十願→第十八願の道程で信心の純粋性を表明するのです（『真宗聖典』三五六頁）。

さらに釈尊は、この胎生・化生の説法が終わるに当たって、弥勒に次のように説きます。

弥勒、当に知るべし。それ菩薩ありて疑惑を生ずる者は大利を失すとす。このゆえに応当に明らかに諸仏無上の智慧を信ずべし」と。

（『真宗聖典』・八三〜八四頁）

このように、「疑惑を生ずる者は大利を失す」、つまり自力の疑惑によって大涅槃の覚りを失うという意味ですが、その言葉と対比して「明らかに諸仏無上の智慧を信ずべし」と、仏智を信ずること一つを勧めて、胎生と蓮華化生との決定的な違いを説き終わるのです。

この釈尊の説法をよく聞くと、報土と化土とが衆生の自力性との関係で説かれていました。他力回向の信心ならば真実報土に生まれ、第十九願・第二十願の機は方便化土へ往生するのです。くどいようですが、善導までは行と浄土との関係の中で説かれていました。それを源信は、機の自力性によって「報化二土を正しく弁立した」のです。この「正しく」とは、『大経』の釈尊の説法の通りという意味ですから、親鸞は源信の着眼点によって智慧段の釈尊の説法に着地したのだと思われます。このように、道綽・善導によって始まった報土・化土の問題は、源信の『往生要集』を待って、初めて第十九願・第二十願・第十八願の機への視点が開かれ『大経』の教説に着地したのです。

親鸞は、この智慧段の釈尊の説法と、師法然の「大涅槃へ能入する」『大経』の信心によって、「三経一異の問答」を開き、それを踏まえて他力の信心の道程を三願転入として表明します。その回向の信心に立って、三部経の特質とそれぞれの経典が説く浄土と、そこに往生していく衆生とを決定して、三三の法門と言われる親鸞独自の浄土教学を完成させていくことになるのです。わかりやすいように、左のように示しておきましょう。

第十九・修諸功徳の願—邪定聚の機—『観無量寿経』—要門—双樹林下往生
第二十・植諸徳本の願—不定聚の機—『阿弥陀経』—真門—難思往生
第十八・至心信楽の願—正定聚の機—『大無量寿経』—弘願門—難思議往生

この三三の法門が完成するについては、法然の「大涅槃へ能入する信心」の教えを待たねばなりません。しかしこれまでの七高僧の教えの中で、大切な契機が二つ考えられます。一つは親鸞が立っている『大経』の信心は、道綽が明らかにしてくださった「三不三信の誨」(『真宗聖典』二〇六頁)です。そこに如来の世界である涅槃界が他力の一心に開かれるということと、『観経』の要門と『大経』の弘願門を開く必然性がありました。もう一つが、この源信の第二十願の機への着眼点によって『阿

弥陀経』の真門を開き、そこから改めて『大経』と『観経』と『阿弥陀経』との関係が明確にされるのです。

私は長い間、『教行信証』の親鸞の己証である「三心一心問答」と「三経一異の問答」の前に、源信の『往生要集』の引文があるのはなぜかを考えてきました。それはこれまで述べてきましたように、『教行信証』の二つの問答を核にして、親鸞独自の教学を完成させるには、源信の人間洞察の深さが決定的に大切だったことが思われます。それについては、改めて詳説しましょう。

五、源信和讃の後半

1、一乗の法

さて、後半の四首の源信和讃を拝読しましょう。これらの和讃もすべて『往生要集』の文をもとにして詠われたものです。紙面の都合でその出典だけを指摘しておきますので、後で見ておいてください。第七首目は、『往生要集』巻下の念仏証拠の文（『真宗聖教全書』一・八八一頁）、第八首目は、巻中の正修念仏の文（『真宗聖教全書』一・八〇九頁）、第九首目も同上の文、第十首目は、巻下の念仏証拠の文（『真宗聖教全書』一・八八二頁）に基づいた和讃です。

七　男女貴賤ことごとく
弥陀の名号称するに
行住座臥もえらばれず
時処諸縁もさわりなし

八　煩悩にまなこさえられて
摂取の光明みざれども
大悲ものうきことなくて
つねにわが身をてらすなり

九　弥陀の報土をねがうひと
外儀のすがたはことなりと
本願名号信受して
寤寐にわするることなかれ

十　極悪深重の衆生は
他の方便さらになし
ひとえに弥陀を称してぞ
浄土にうまるとのべたまう

（『真宗聖典』四九七〜四九八頁）

まず初めに、これらの和讃の意味を述べておきましょう。第七首目の和讃は、「男女、貴賤すべての人が弥陀の名号を称するについては、行・住・座・臥を選ばないし、時と場所やどんな生き方をしようとも称名念仏の障りにはなりません」という意味です。第八首目の和讃は、「(念仏者は、常に弥陀の光明に摂め取られています)煩悩にさまたげられて凡夫の眼にはその光明を見ることができませんが、如来の大悲は倦むことなく、常にわが身を照らしています」という意味です。第九首目の和讃は、「真実報土の往生を願う人は、この世を生きる姿は違っていても、本願の名号を信受して、寝てもさめても常に仏の恩を憶うて、忘れてはなりません」という意味です。最後の第十首目の和讃は、「極重の悪人である我々は、他の善行や方便によって救われる道は全くありません。ただ称名念仏して、浄土に生まれるだけなのです」という意味です。

この後半の和讃も、すべて源信の「極重悪人」の自覚から開かれる、浄土教の表現になっています。第七首目の和讃は、称名念仏の光明無量によって、衆生の二つに分ける考え方(相対分別)に地獄のもとがあると知らされ、初めて如来の比べる必要のない平等(誓願一仏乗・一乗海)に包まれるのです。親鸞はこの一乗海の「海」について、次のように述べています。

「海」と言うは、久遠よりこのかた、凡聖所修の雑修雑善の川水を転じ、逆謗闡提恒沙無明の海水を転じて、本願大悲智慧真実恒沙万徳の大宝海水と成る、これを海のごときに喩うるなり。良に知りぬ、経に説きて「煩悩の氷解けて功徳の水と成る」と言えるがごとし。

（『真宗聖典』一九八頁）

これは、『教行信証』「行巻」の御自釈ですから一乗海の法の讃嘆ですが、その際「凡聖所修の雑修雑善」とか「逆謗闡提恒沙無明」という機の実相を外しません。凡夫の無明という懺悔がなければ、一乗の法に包まれることは絶対にありません。そこが観念の仏教と決定的に違うところです。この源信の和讃は、「男女貴賤」「行住座臥」「時処諸縁」と凡夫の実相のほうから、どんなものも一切嫌わない一乗の法を讃嘆している和讃です。その源信の機に食い入っていく眼差しが、親鸞にも受け継がれたのだと思います。

2、大悲無倦常照我身

さてその次の第八首目の和讃は、『往生要集』の中で最も大切な文章を和讃にしたものです。親鸞はこの文を「正信偈」でも詠いますし、「信巻」の「三心一心問答」の前に掲げます（『真宗聖典』二二二～二二三頁）。また、『尊号真像銘文』（『真宗聖典』五二五頁）や『一念多念文意』（『真宗聖典』五三九頁）でも解説されている文章です。『往生要集』巻中の正修念仏の雑略観の文章ですので、引用してみます。

一一の光明は、遍く十方世界を照らし、念仏の衆生をば摂取して捨てたまわず。我またかの摂取の中にあれども、煩悩眼を障えて見たてまつるにあたわずといえども、大悲倦きことなくして、常に我が身を照らしたまう。

（『真宗聖教全書』一・八〇九頁）

この文をよく読めば、源信の凡夫の自覚もさることながら、実は摂取不捨の如来の大悲を讃嘆している文章なのです。観念ですと、凡夫がやがて第十八願に救われていくと考えますが、この文は凡夫がそのままで如来の摂取不捨の中に在ると讃嘆しています。

先ほど申しましたように、宗教的な在り方としては第二十願の機が、衆生にとって最もまじめで崇高な在り方です。ところがその中に潜んでいる自力の執心を見破られて、命終わるまでそれは変わることがありません。ですから衆生から言えば、救いをあきらめて群萌の一人に帰りきることしか残されていません。しかし、その群萌を救わなければ『大経』の仏道が完成しません。ですから、第二十願の機と第十八願の法とが、どのような交際をしながら凡夫を救うのかが、親鸞教学の核心になります。

それは第二十願の機の解明ですが、実はこの第二十願の機の本格的な解明をした祖師は、七祖の中にはいません。親鸞を待って、初めて明らかになる問題です。それは師の法然から与えられた課題だと思われますが、ここではそれを述べる余裕がありません。詳しくは、二〇二一年度の大谷派の安居の講本に書き加えて、詳しく述べたいと思っています。ここでは結論だけを述べておきます。
法然は善導の『法事讃』の次の文を、『浄土宗略要文』の中に挙げています。

法事讃に云わく。如来五濁に出現して、随宜の方便をもって群萌を化す。（中略）種々の法門みな解脱すれども、念仏して西方に往くに過ぎたることなし。上一形を尽くし十念三念五念に至るまで、仏来迎したまう。直ちに弥陀弘誓の重きがために、凡夫をして念ずれば即ち生ぜしむることを致す。

（『昭和新修法然上人全集』三九八頁、中略筆者）

この文は、次のような意味です。「善導が『法事讃』で次のように言っています。釈迦如来が五濁の世に出現されたのは、時や機に従ってさまざまな方便で群萌を教化してくださるためです。その法門はそれぞれ大切なのですが、念仏して西方浄土に生まれることに勝るものはありません。生涯念仏しようが、たった五遍か三遍の念仏であろうが、如来は来迎してくださるのです。弥陀の第十八願が最も重いために、凡夫の念仏でも必ず往生するのです」。法然はこの文章に、「善導和尚の意、釈尊出世の本意、ただ念仏往生を説くの文」という題を掲げています。要するに法然は、釈尊の出世本懐を善導はこの『法事讃』の文章で言い当てたのだと見ているのです。

法然は、『阿弥陀経』の最後の「舎利弗、及諸比丘、一切世間、天人阿修羅等、聞仏所説、歓喜信

受、作礼而去」（『真宗聖典』一三四頁）の講義の時には、一つの例外もなく必ずこの『法事讃』の文を持ってきます。要するに釈尊の出世本懐が、『阿弥陀経』の最後に説かれていると示唆しているのです。今残っている法然の『阿弥陀経』の講義では、必ずそうなっていますので、親鸞は法然門下の時に、何度もそれを聞いていたと思われます。

しかし大乗仏教の常識では、出世本懐経と言えば『法華経』と『大無量寿経』です。なぜ師の法然は、『阿弥陀経』を出世本懐経と言うのか。一体『大経』と『阿弥陀経』との関係はどうなっているのか。それは取りも直さず、『大経』の第十八願の法と『阿弥陀経』の第二十願の機との関係を問うことです。このような師からの課題を受けて、親鸞は前人未到の第二十願の機の解明に力を注ぐのです。そして、ついに第二十願の機のままで、第十八願の法の中に在ることを尋ね当てて、「果遂の誓い、良に由あるかな」（『真宗聖典』三五六頁）と、三願転入の文で讃嘆することになります。

親鸞は「化身土巻」の「三経一異の問答」で、『大経』と『阿弥陀経』との関係を明らかにしますが、そこに『阿弥陀経』の表向きの意味を、次のように言います。

「顕」と言うは、経家は一切諸行の少善を嫌貶して、善本・徳本の真門を開示し、自利の一心を励まして、難思の往生を勧む。（『真宗聖典』三四四頁）

この文は、「『阿弥陀経』に説かれる表向きの意味は、釈尊が一切の諸行の善を嫌って念仏一つを説き、一心不乱に称える自力を励まして、難思の往生を勧めるのです」という意味です。それに対して、『阿弥陀経』に隠されている意味については、

「彰」と言うは、真実難信の法を彰す。（中略）『釈』に、「直ちに弥陀の弘誓重なれるに為って、凡夫念ずればすなわち生まれしむることを致す」と云えり。

（『真宗聖典』三四五頁、中略・傍点筆者）

と説かれますが、この文章は「『阿弥陀経』に隠されている意味は、善導が『法事讃』で言うように、「一心不乱の第二十願の機は、そのままで弥陀の第十八願と重なっているために、たとえ生涯欲にまみれた凡夫であっても、念仏によって必ず往生するのです」と、言われています」という意味です。傍点部分は、親鸞によって読み替えられています。もともとの『法事讃』では「直ちに弥陀弘誓の重きがために」（『浄土宗全書』四・二五頁）となっていて、「弥陀の第十八願が重いために、凡夫が念仏すれば往生する」という意味なのです。それを親鸞は、第二十願と第十八願とが「重なっている」と読み替えて、第二十願の機のままで第十八願の摂取不捨の救いにあずかると読んでいるのです。この「三経一異の問答」を自分の信心にまで主体化して表明したものが、三願転入です。そこに「果遂の

誓い、良に由あるかな」と、第十八願と相即している第二十願への謝念を述べるのです。親鸞はこのような第二十願の解明によって、『大経』が群萌を救う教えであることを証明することになります。

そのことは、仏道の事実としてはどういうことか。それが源信の「我またかの摂取の中にあれども、煩悩眼を障えて見たてまつるにあたわずといえども、大悲倦きことなくして、常に我が身を照らしたまう」、この文章に何の説明もなく見事に表明されています。親鸞は師からの問いを推究して、この源信が述べている「大悲無倦」の宗教的な事実に到達するのです。源信の文章は、「私たちは、いつも煩悩に惑わされて、摂取不捨の大悲の光明を見ることはできないけれども、阿弥陀の大悲はいつも私自身を照らしてくださっています」という意味ですが、ここで大切な言葉は「摂取の光明みざれども」という、第十八願の智慧に照らされた第二十願の機の目覚めです。

私たちがこのような勉強会に出て勉強するのも、親鸞の仏教がわかりたいという気持ちがあるからでしょう。私もそうです。もう少し自分らしく晴れ晴れと生きたいとか、親鸞の仏教がわかればもっと楽に生きられるのではないかと、さまざまに思いながら来るわけです。しかし、一見、真面目な志も、よく考えてみればすべて自分の欲です。仏教に志す初心から、それ自体が人間の欲にまみれています。僧侶として、自分こそ仏教を真面目に学んでいるという自負がありますが、それも正直に言えば食べるためです。食べることが人間の一番奥に潜んでいるのです。『大無量寿経』の三毒段の最初に説かれている通りです（『真宗聖典』五八頁）。

どんな人も、食べることが根源的な問題です。その次は、人間関係です。赤ちゃんが生まれて初めに言う言葉は「まんま」と「ぶーぶー」です。まず第一に食べることを言いますが、次に「パパ」「ママ」と、周りの人を呼びます。これは人間の関係を表す言葉です。このことは非常に象徴的で、人間の根源的な執着を表しているのです。私たちがどんなに立派なことを言おうと、綺麗なことを言おうと、その本能的な欲望にまみれているのです。

第十八願の光明無量に照らされて、その問題から死ぬまで離れることができないことをよく知っていたのが源信です。「煩悩に眼が障られて大悲を見ることはできないけれども、煩悩のままで大悲の中にある」と、言うのです。第二十願の煩悩の身と第十八願の智慧とが相即しています。逆に言えば、煩悩の身だからこそ第十八願の摂取の大悲を仰ぐことができるのです。ここに如来の本願による「生死（煩悩の身）即涅槃（大悲の摂取）」という大乗の覚りが実現しているのです。本願力による「生死即涅槃」、これを実現するのが第二十願の「果遂の誓い」ですし、『阿弥陀経』の真門です。その意味で親鸞にとって、源信の「大悲無倦」の文が大乗の覚りに関わって、最も大切な意味を持っているのです。

さて最後の二首の和讃は、煩悩の身だからこそ本願の名号の仏道しかないという、親鸞の絶対の自信が詠われています。

九　弥陀の報土をねがうひと
　外儀のすがたはことなりと
　本願名号信受して
　寤寐にわするることなかれ
（『真宗聖典』四九八頁）

真実報土を願う人は、生き方によって表向きの姿は違いますが、煩悩にまみれている者は本願の名号を信じて、寝ても覚めてもそのこと一つを忘れてはいけないと、詠われます。

十　極悪深重の衆生は
　他の方便さらになし
　ひとえに弥陀を称してぞ
　浄土にうまるとのべたまう
（同前）

最後の第十首目の和讃は「極重の悪人である我々は、他の善行や方便によって救われる道は全くありません。ただ称名念仏して、浄土に生まれるだけなのです」と、源信が『往生要集』で『観経』の帰結を述べた文に基づいています。群萠を救う仏道は本願の名号しかないことを詠って、源信和讃が閉じられるのです。

六、「三心一心問答」の前の『往生要集』の引文について

さて、『教行信証』「信巻」の「三心一心問答」の前に『往生要集』の引文があります。なぜここに源信の文が置かれるのか。それを尋ねたいと思いますが、まずその文章を挙げてみます。

『往生要集』に云わく、『入法界品』に言わく、「たとえば人ありて不可壊の薬を得れば、一切の怨敵その便りを得ざるがごとし。菩薩摩訶薩もまたかくのごとし。菩提心不可壊の法薬を得れば、一切の煩悩・諸魔・怨敵、壊ることあたわざるところなり。たとえば人ありて住水宝珠を得てその身に瓔珞とすれば、深き水中に入りて没溺せざるがごとし。菩提心の住水宝珠を得れば、生死海に入りて沈没せず。たとえば金剛は百千劫において水中に処して、爛壊しまた異変なきがごとし。菩提の心もまたかくのごとし。無量劫において生死の中・もろもろの煩悩業に処するに、断滅することあたわず、また損減なし」と。已上

また云わく、我またかの摂取の中にあれども、煩悩眼を障えて見たてまつるにあたわずといえども、大悲倦きことなくして常に我が身を照らしたまう、と。已上

（『真宗聖典』二二二〜二二三頁）

ここには『往生要集』に引用されている『華厳経』「入法界品」の文章と、源信の「大悲無倦」の文章が連引されています。この文の意味は、「源信の『往生要集』の上巻末には、「入法界品」を引いて、次のように言っている。たとえば一人の人がいて、「打ち壊すことができない薬」を持っていれば、どんな恐ろしい敵でも、その人を攻め滅ぼすことができないように、菩薩が菩提心という法の薬を持っていれば、どんな煩悩でも悪魔でも、それを壊すことはできない。また住水宝珠という珠を瓔珞にしておけば、この珠の威力で深い水の中に入っても溺れることがないように、菩薩も菩提心を持っていれば、生死の海に入っても沈むことはない。またダイヤモンドは百千劫の長い間水につけていても、腐るとか変質することがないように、菩提心も菩薩が無量劫の長い間生死海に沈んで、衆生と同じように煩悩を起こし悪業を造っても、なくなったり損なったりすることはない」という意味です。菩提心が不可壊の薬や、住水宝珠を持っていれば、その力によって金剛心となり、生死海に在っても仏道を全うすることができると説かれます。この文章は要するに、菩提心一つで娑婆に在っても仏道が貫徹される、と説かれている教説です。

ところが大乗仏教の常識では、菩提心は悟りを求める心ですから、『大智度論』では、悟りをつかむ手にたとえられます。また『摧邪輪』の中で明恵も、次のように言います。

菩提と言うは、即ち是れ仏果の名、また心と言うは、即ち是れ衆生の能求の心なるが故に、発菩提心と云うなり。

（『鎌倉旧仏教』五一頁）

明恵は「発菩提心」の解説をして、「菩提とは仏果の悟りであり、心とはそれを求める衆生の心だから発菩提心と言うのである」と言います。要するに大乗の常識に則って、やがて果の悟りに到達する因の衆生の心を菩提心と言うのです。ところが聖道門では、衆生の菩提心（因）と仏の悟り（果）を結ぶためには、厳しく長い修行しか残されていません。そんな仏道は万に一人も実現しませんから、親鸞はこのような菩提心観を完全に否定します。

そして信の一念釈の最後に、聖道門の拠り所である天台智顗の文章を持ってきて、信の一念釈を結びます。それが次の文です。

『止観』の一に云わく、「菩提」は天竺の語、ここには「道」と称す。「質多」は天竺の音なり、この方には「心」と云う。「心」はすなわち慮知なり。

（『真宗聖典』二四二頁）

意味はおわかりでしょう。聖道門が拠り所にしている天台智顗の『摩訶止観』でも、「菩提心とは道心であり、仏道がそこに実現していることをよく知る心だ」と、言っています。菩提心がやがて覚りを悟る心と言うのではなくて、菩提心そのものにすでに仏道が実現していると、言っているのです。この文で、信の一念釈を結ぶのです。それは、菩提心（信心）に仏道が実現していなければ、一切衆生の救いにはなり得ないからです。

曇鸞は、天親の「願生偈」の「勝過三界道」（三界を超える仏道）を、次のように註釈します。

「勝過三界道」、道は通なり。かくのごときの因を以て、かくのごときの果を得しむ。かくのごときの果をもって、かくのごときの因を酬う。因に通じて果に至る、果に通じて因に酬う。かるがゆえに名づけて道となす。

（『真宗聖教全書』一・二八六頁）

このように曇鸞は、因と果とが通じ合うことが仏道であると言います。この註釈は、真実報土を明らかにするときに引用した「願以て力を成ず。力以て願に就く」という不虚作住持功徳の、因と果との相互成就の文が背景にあることはすぐにわかるでしょう。菩提心（信心）の因と仏の覚りの果とを結ぶのは、聖道門のような修行ではなく、本願の道理であると言うのです。因の信心に果の涅槃が報われ、果の涅槃に包まれて因の法蔵菩薩のご苦労を感謝する、それが浄土門です。この誓願不思議の道理によって仏道が成就するところに、他力の仏道の特質があります。

法然は『阿弥陀経釈』で、善導を褒めて次のように言います。

善導和尚はこれ三昧発得の人なり。道において既に証あり。（『昭和新修法然上人全集』一五七頁）

この文章も、実に簡にして明です。善導は他力の信心にすでに証を得ているから、「三昧発得の人」だと褒めるのです。要するに、因の信心に果の一如の覚りが臨まれていなければ、仏道にはなりません。法然はそれを、この簡潔な言葉で教えているのです。

このように、因の信心に果の涅槃の覚りが開かれるのはなぜか、その誓願不思議の道理を推究するのが親鸞の「三心一心問答」です。「信巻」の言葉で言えば、「涅槃の真因はただ信心をもってす」（『真宗聖典』二二三頁）という誓願の道理を公開していくことになるのです。それは取りも直さず、衆生の「一心」と、「至心・信楽・欲生」と誓われる如来の願心を問うことに他なりませんが、その内容については『高僧和讃講義』㈡を参照していただければ幸いです。

ここでは、その「三心一心問答」を開くに当たって引用した『往生要集』の文章には、菩提心そのものに仏道が実現しているということと、その菩提心は娑婆の煩悩に汚されない金剛心であるという意味があります。実に的確な引用で、この源信の文章に正確に応えたものが、親鸞の己証としての「三心一心問答」です。要するに菩提心といっても人間心ではなく、本願力回向の如来の願心そのものである、だからその金剛心には如来の大涅槃の覚りが開かれると、親鸞は応えるのです。

ところがもう一つ問題があります。聖道門ではこの金剛心は、修行によって八地以上の菩薩にまで上り詰めないと得ることができません。ところが浄土門の信心は、本願力回向によるのですから信心そのものが如来の金剛心です。善導はその他力の信心を、「共に金剛の志を発して、横に四流を超断せよ」（『真宗聖典』二三五頁）と勧めます。それを受けて親鸞は他力の信心を「横の大菩提心」（『真宗聖典』二三七頁）と決定するのです。

その他力の信心を得る衆生は何者か、その機の在り方を明確にしたのが源信ですが、それを的確に表している文章が次に掲げられているのです。

また云わく、我またかの摂取の中にあれども、煩悩眼を障えて見たてまつるにあたわずといえども、大悲倦きことなくして常に我が身を照らしたまう、と。

（『真宗聖典』二二二～二二三頁）

この文はこれまで述べてきたように、第二十願の機の具体性を表す文で、この機の自覚こそが第十八願の「至心・信楽・欲生」の如来の願心に相即することができます。そこが聖道門とは決定的に違うのですから、八地以上の菩薩になるという誤解を避けるために、どうしてもこの源信の文を掲げる必要があったのです。

この第二十願の機の自覚こそが、親鸞の立脚地です。もう少し積極的に言えば、阿弥陀如来に帰した煩悩の身の信心こそが、如来の願心を推究する親鸞の原動力なのです。ですから親鸞にとってはこの「煩悩の身のままで如来の摂取の中に在る」という「自身と如来の摂取」との交際を表す源信の文を通して、

しかれば、もしは行・もしは信、一事として阿弥陀如来の清浄願心の回向成就したまうところにあらざることあることなし。因なくして他の因のあるにはあらざるなりと。知るべし。

（『真宗聖典』二二三頁）

と、行信が「阿弥陀如来の清浄願心の回向成就」に他ならないと述べ、「三心一心問答」を開いていくことになるのです。

それを証明するために、「三心一心問答」の仏意釈は次の言葉で開かれていきます。

仏意測り難し、しかりといえども竊かにこの心を推するに、一切の群生海、無始よりこのかた乃至今日今時に至るまで、穢悪汚染にして清浄の心なし。虚仮諂偽にして真実の心なし。ここをもって如来、一切苦悩の衆生海を悲憫して、不可思議兆載永劫において、菩薩の行を行じたまいし時、三業の所修、一念・一刹那も清浄ならざることなし。真心ならざることなし。如来、清浄の

真心をもって、円融無碍・不可思議・不可称・不可説の至徳を成就したまえり。如来の至心をもって、諸有の一切の煩悩・悪業・邪智の群生海に回施したまえり。すなわちこれ利他の真心を彰す。かるがゆえに、疑蓋雑わることなし。この至心はすなわちこれ至徳の尊号をその体とせるなり。

（『真宗聖典』二二五頁）

このような徹底した自力の懺悔からしか、如来の願心は推究できないのです。その意味で『往生要集』の、金剛の菩提心そのこと一つで仏道が開かれるという文章と、徹底した自力の懺悔を表す「大悲無倦」の文章とが、親鸞に「三心一心問答」を開かせることになったのだと思います。

七祖の教学を集約して親鸞独自の教学として花開かせるについて、源信の功績がいかに大きかったかを思います。源信のこの二つの文章によって、煩悩の身のままで大涅槃の中に在るという決定的な知見を得て、己証としての「三心一心問答」を開きます。この信と願との交際が、『大経』の群萠の救済を完成させ、浄土真宗が大乗の至極であることを証明するのです。

七、「三経一異の問答」の前の『往生要集』の引文について

さてもう一つの親鸞の己証である「化身土巻」の「三経一異の問答」の直前にも、『往生要集』の

文が引用されます。その文は「首楞厳院の『要集』に、感禅師の『釈』を引きて云わく」(『真宗聖典』三三〇頁)と言って、『菩薩処胎経』の懈慢界の文が引用されるのです。

前に引文したので、ここでは引用を避けますが、その文章で源信が指摘していたのは、懈慢界は衆生の欲望に応じる世界だから、執心不牢の自力の衆生は懈慢界に生まれ、称名念仏による執心牢固の者は報土の往生を遂げるということでした。要するに自力の雑修は化土に、他力の金剛心は真実報土の往生を遂げると、善導の行の規定に止まらないで、衆生の在り方にまで食い入って明らかにしたことでした。

親鸞が法然門下のころは、もっぱら道綽・善導による『観経』の教学を中心に学んでいました。それは称名念仏の正行と自力の雑行という枠組みの中での教学ですから、たとえば善導の『法事讃』では「難思議往生楽　双樹林下往生楽　難思往生楽」(『真宗聖教全書』一・五六五〜五六六頁)と三往生が繰り返し説かれますが、その三往生が一体どの浄土に生まれるのか、またそれぞれの往生に立つ衆生がどのような在り方をしているのかが不明確であるために、いきなり三往生を掲げるだけでは善導が何を言っているのかよくわからないのです。

ところが源信は道綽・善導の観経教学を受けながら、行という枠組みを突破して衆生の自力性への眼を開くことになります。これが『大経』に立った親鸞に、決定的な知見を与えることになります。よく考えてみると『大経』はすべて、釈迦弥陀二尊の如来の智慧で見た衆生が、それぞれの本願に説かれています。たとえば第十八願の機は、本願力回向の金剛心を生きる衆生です。それに対して第十九願・第二十願の機は、自力を生きる衆生ですが、如来の智慧で見ればそこには明確な区別がありま す。第二十願の機は、念仏に帰してもそれを自らの手柄に植え直そうとする、自力の執心を見抜いています。このように行を実践する衆生そのものを見破る如来の智慧で、四十八願が説かれているのです。ですから、衆生の在り方そのことに着眼した源信の教えによって、親鸞は改めて『大経』の本願の教えに着地することができたのでしょう。

ここでは親鸞が着地した、「三経一異の問答」と関係する『大経』の教説に目を移してみましょう。衆生往生が説かれる『大経』下巻の冒頭では、上巻で説かれた釈尊と阿難との出遇い（『真宗聖典』六〜七頁）で、阿難が大涅槃の超世の感動を得たことを教えるために、本願成就文が説かれます。

まずその超世が第十一・必至滅度の願成就文（『真宗聖典』四四頁）では、凡夫のままで大涅槃に包まれて正定聚に立つと教えられます。次に第十七・諸仏称名の願成就文（同前）では、正定聚（仏道）に立つことができたのは、聖道門のように修行によるのではなくて、善知識の教えによることが教えられます。最後の第十八・至心信楽の願成就文（同前）では、覚りを悟るのではなくて、凡夫の自覚を潜った他力の信心によって、凡夫のままで大涅槃に包まれて正定聚に立つことが教えられています。要するに、上巻に説かれた四十八の本願が衆生においては本願成就文として完成することが、教えられています。ここに聖道門とは異質な『大経』の仏道が、釈尊によって宣言されているのです。

この第十八・至心信楽の願成就文が説き終わると、次に三輩章が説き出されます（『真宗聖典』四四～四六頁）。ここは『観経』で言えば、上品上生から下品下生の自力の往生が説かれるところですから、親鸞は「化身土巻」で、この箇所を第十九・修諸功徳の願成就文と読んでいます（『真宗聖典』三二七頁）。そうすると第十八願成就文と第十九願成就文とが背中合わせに説かれていることになります。それは衆生の自力から、如来の本願力への翻りが教えられているのです。親鸞の言葉では「雑行を棄てて本願に帰す」（『真宗聖典』三九九頁）と表され、法然の教えによって念仏に帰依した体験、つまり回心が説かれていることになります。

おそらく親鸞の「三経一異の問答」は、ここから開かれるのだと思いますが、その視点で見れば、第十八願の往生が説かれる『大経』と、第十九願の往生が説かれる『観経』との関係がよくわかるところです。親鸞の「三経一異の問答」では、それが次のように言われます。

諸機の三心は自利各別にして利他の一心にあらず。如来の異の方便、欣慕浄土の善根なり。これはこの経（『観経』）の意なり。すなわちこれ「顕」の義なり。「彰」というは、如来の弘願を彰し、利他通入の一心を演暢す。

（『真宗聖典』三三一頁、括弧内筆者）

この文で明らかなように、第十九願の往生を説く『観経』は、表向きには修諸功徳を説き自力を励ます方便であり、そこに隠された意味は『大経』の一心へ導くことにあります。『観経』は自力を生きる衆生に、自力を励まして徹底的に自力を尽くすことを勧めるのです。その努力がなければ、如来の本願力など絵空事に終わるからです。ただ仏道の難しいところは、救いがその自力の延長線上にないことです。それを決定するのが善知識です。師の教えによって「いずれの行もおよびがたき身」（『真宗聖典』六二七頁）という自力無効が決定して、初めて如来の本願海に眼が開かれるのです。ですから『観経』の表向きの意味は、浄土を憧れさせ浄土に生まれるために自力を尽くさせることにあります。それが『観経』の「顕の義」です。しかし、それは釈尊の方便であって、その大悲の導くところは『大経』の本願海へ眼を開かせることにありますから、隠された意義は、他力の一心に導くことにあるのです。その意味で『観経』は、衆生にとっては必ず潜らなければならない必要な要門であり、『大経』は弘願門です。このように『大経』下巻では、冒頭の一心帰命を説くところに、第十九願と第十八願との関係がよく教えられています。

それに対して第二十・植諸徳本の願と第十八・至心信楽の願との関係は、一心願生の最後を飾る『大経』の智慧段に説かれます。ですから親鸞は『大経』と『阿弥陀経』との関係を、この智慧段から読み取ったのであると思います。

回心して念仏をする者になっても、自力がなくなるわけではありません。念仏生活の中で三毒五悪の身の事実に直面しながら、そのたびに煩悩を超えたいと悩んでいくことになります。その衆生に釈尊は三毒段の最後で次のように説きます。

疑惑し中悔して自ら過咎を為して、かの辺地七宝の宮殿に生じて、五百歳の中にもろもろの厄を受くるを得ることなかれ。

（『真宗聖典』六五頁）

これは、明らかに胎生に留まってはいけないという釈尊の教誡ですから、三毒五悪の根源に衆生の反省が届かない執心を見抜いている説法です。念仏生活の中で煩悩を超えたいという衆生の究極的な真面目さに、自力の執心があると見抜いているのです。この第二十願の機の無明煩悩（自力の執心）は人間から問えない問題ですから、如来の智慧が開顕される「正宗分」最後の智慧段で説かれます。ここに無明煩悩を照らし、それをそのまま包んでいく第十八願の如来の智慧を説いて、群萌を救う『大経』が完結されるのです。このように智慧段に、第二十願の機と第十八願の法との関係が明らかにされますから、親鸞はこれによって『阿弥陀経』と『大経』との一異を推究したのだと思われます。

先に述べたように親鸞は源信の「大悲無倦」の文に示唆を受けて、この第二十願と第十八願とが重なっていることを見抜き、第二十願の機のままで救い取らんと誓っている第十八願を感佩するのです。「三経一異の問答」で言えば、『大経』と『阿弥陀経』との関係が次のように説かれます。

「顕」と言うは、経家は一切諸行の少善を嫌貶して、善本・徳本の真門を開示し、自利の一心を励まして、難思の往生を勧む。（中略）これはこれこの経の顕の義を示すなり。これすなわち真門の中の方便なり。「彰」と言うは、真実難信の法を彰す。これすなわち不可思議の願海を光闡して、無碍の大信心海に帰せしめんと欲す。良に勧めすでに恒沙の勧めなれば、信もまた恒沙の信なり。かるがゆえに「甚難」と言えるなり。『釈』に、「直ちに弥陀の弘誓重なれるに為って、凡夫念ずればすなわち生まれしむることを致す」と云えり。これはこれ隠彰の義を開くなり。

（『真宗聖典』三四四～三四五頁、中略筆者）

『阿弥陀経』の表に顕れている説法から言えば、釈尊が一切諸行の少善を嫌って、一心不乱の念仏一つによる難思往生を勧めます。しかしそれは、すでにして法の中に在りながら、衆生の究極の自力にまで導く方便です。そこに隠れている説法から言えば、実に信じることが難しい第十八願の法に、煩悩のままで包まれていることを彰しています。ですから第二十願の機と第十八願の法とが、相即していることを知らせんがためです。善導の『法事讃』では、第十八願と第二十願とが重なっていると説いている通りです。これが『阿弥陀経』の隠彰の義です。

実に見事な親鸞の了解ではないでしょうか。このように『大経』（第十八願）と『観経』（第十九願）、『大経』（第十八願）と『阿弥陀経』（第二十願）との関係を『大経』の教説から読み取っていく親鸞の眼は、衆生の在り方にまで注目した源信の教示によるのです。

「三経一異の問答」の前に引用された源信の文は、懐感の『群疑論』の文章です。そこでは懈慢界（胎生）は、自力の執心の者が生まれる世界でした。その執心は、反省を超えた衆生の真面目さの中に潜んでいるもので、信心があるとか学問をしていると言っても、私たちは第二十願の機以外ではありません。それと重なって、第十八願の摂取を説いたのもまた源信です。この源信の機を見る眼差しと『大経』の智慧段によって、親鸞は「三経一異の問答」を開いたのです。親鸞は、この「三経一異の問答」によって、三部経を説いてくださった釈尊の大悲を推究し、それを踏まえて三三の法門としての、親鸞教学が完成するのです。

「三心一心問答」のほうは、自力を生きる衆生を他力に導くために、「至心・信楽・欲生」の順で説かなければならなかった弥陀の大悲の推究です。それを受ける親鸞自身は、徹底した自力の懺悔に立っています。

どちらの問答も、煩悩の身のままで如来の大涅槃の覚りの中に在ることを尋ね当てますが、それを教えるのが法然の「大涅槃へ能入する信心」です。それはまた後に詳しく尋ねますが、今大切なのは、「大悲無倦」の源信の文が象徴しているように、源信の第二十願の機への教示が『大経』の教学の源泉です。ですから、親鸞の己証である二つの問答の直前に、源信の文を配置しているのだと思われます。

質問　浄土宗には、真宗でいうところの『御伝鈔』のようなものはありますか。その中に、親鸞の名前や信行両座の問答などは出てこないのでしょうか。

法然上人の絵伝は当然のようにありますが、その中には信行両座の決判は描かれていませんし、信心一異の問答もありません。信心一異の問答は、『歎異抄』（『真宗聖典』六三九頁）だけではなくて『御伝鈔』（『真宗聖典』七二九～七三〇頁）にも伝えられています。信行両座は、覚如上人の『御伝鈔』（『真宗聖典』七二八～七二九頁）にしかありませんので、あれは覚如上人が脚色したのではないかとさえ言われることがあります。それはこれらの出来事が、真宗以外の資料の中に全く見られないことが、大きな理由です。真宗門徒からすれば、あのような大切な出来事は、誰かが書き残しておいてもよさそうでしょう。ところが全くないのです。

親鸞は若くして『選択集』を書写した数少ない弟子の一人ですから、法然は親鸞を全面的に認めていたのでしょうが、法然門下の中では完全に無視されていたと思われます。門下になって日が浅い親鸞が、信心一異の問答や信行両座の決判などでずけずけものを言い、世間的に言えば先輩をやり込めるわけですから、門下の人たちは面白くなかったでしょう。さらに公に妻帯をしているわけです。当時の念仏への批判の第一は、法然門下の念仏者は戒律も守らず素行が悪いということですから、親鸞は門下の者からしても風当たりが強かったのでしょう。

親鸞は聖覚や隆寛の先輩を尊敬していますが、彼らの書いたものの中に親鸞は一度も出てきませんし、もちろんその他の門下の書いたものにも出てきません。その意味で親鸞を認めたのは法然一人で、あとは全員が無視していたのではないかと思わざるを得ません。

しかし親鸞は本物の念仏者でした。異見・異学・別解・別行に惑わされない。もちろん世間の価値観にも絶対に惑わされません。それが「金剛心の行人」（『真宗聖典』二四五頁）ということなのです。善導はそれを「真の仏弟子」（『真宗聖典』二一六頁）と言います。ですから「金剛心の行人」というのは、具体的に言うと、世間の価値観や他の仏教の価値観には絶対に惑わされない、本願の行人として生きていくという意味です。だから隠すものは何もない煩悩具足の凡夫として、ただただ大悲を仰げと、煩悩の身のままに如来の世界を生きていったのだと思います。その群萌の仏道を『大経』は教えるのです。

本物は皆そうでしょう。清沢満之にしても曽我量深にしても、世間の価値観によって異安心として排斥されたのです。「如来表現としての範疇としての三心観」において曽我は、

だから、此の真宗の宗学には、専ら所行の法に就いて能信の心を立て、此の外に能行といふことは無いのでありまして、真宗の宗学は能行を否定する宗学であります。能信所行といつて、能行を否定して唯一の能信を立て信心為本を確立する。唯一の能信をたてることによつて能行を否定し、行は是れ所行なることを徹底的に建設して行くのが真宗の正しい所の宗学

であります。能行なんといふ言葉を用ひるならば、失礼だけれども、それは真宗の宗学で無いのであります。昔封建時代にはさういふものをも真宗だと思つて居つた時代もある。けれども、昔の真宗はまあそれでよいけれども、今後の世界的真宗はそれではいかんと思ふのであります。之は真宗学の講義でありますから、真宗学の原理といふものに非常な間違ひがあるのでありますから、之を正して置きます。

（『曽我量深選集』五・二一五〜二一六頁）

と述べます。当時の講者たちを捕まえて、「これまでの学問では、これからの真宗は世界に開かれていかない。真宗を閉ざすだけです。私のような視野がないといけません」と言っているのです。これは伝統教学の講者たちにしてみれば、面白くありません。曽我が指摘する学問の内容はよくわからないけど、ともかく今までの伝統仏教を馬鹿にしていると言って怒ったのです。ちょうど、八宗が法然を攻撃したのとよく似ています。本願力を生きようとしているものを、それがよく理解できないために世間の価値観で裁くのです。

本願力を生きる人が、出てきてほしいですね。高光大船や暁烏敏のような人は、世間の価値観とは違う世界で生きています。私は、親鸞はそういう方だったと思います。学者という面だけが強調されていますが、親鸞が残したかったのは生活者、もっと言えば野人なのではないでしょうか。熊の皮の上に座り、衣さえまとっていなければ、まるで山猟師のようです。生活者の仏道、それが『大経』の群萌の仏道を象徴しているのだと思います。

第七部　源空和讃

源空和讃

一　本師源空世にいでて
　弘願の一乗ひろめつつ
　日本一州ことごとく
　浄土の機縁あらわれぬ

二　智慧光のちからより
　本師源空あらわれて
　浄土真宗をひらきつつ
　選択本願のべたまう

三　善導源信すすむとも
　本師源空ひろめずは
　片州濁世のともがらは
　いかでか真宗をさとらまし

四　曠劫多生のあいだにも

出離の強縁しらざりき
本師源空いまさずは
このたびむなしくすぎなまし

五　源空三五のよわいにて
無常のことわりさとりつつ
厭離の素懐をあらわして
菩提のみちにぞいらしめし

六　源空智行の至徳には
聖道諸宗の師主も
みなもろともに帰せしめて
一心金剛の戒師とす

七　源空存在せしときに
金色の光明はなたしむ
禅定博陸まのあたり
拝見せしめたまいけり

八　本師源空の本地をば

世俗のひとびとあいつたえ
綽和尚と称せしめ
あるいは善導としめしけり

九　源空勢至と示現し
あるいは弥陀と顕現す
上皇群臣尊敬し
京夷庶民欽仰す

十　承久の太上法皇は
本師源空を帰敬しき
釈門儒林みなともに
ひとしく真宗に悟入せり

十一　諸仏方便ときいたり
源空ひじりとしめしつつ
無上の信心おしえてぞ
涅槃のかどをばひらきける

十二　真の知識にあうことは

かたきがなかになおかたし
流転輪回のきわなきは
疑情のさわりにしくぞなき

十三　源空光明はなたしめ
門徒につねにみせしめき
賢哲愚夫もえらばれず
豪貴鄙賤もへだてなし

十四　命終その期ちかづきて
本師源空のたまわく
往生みたびになりぬるに
このたびことにとげやすし

十五　源空みずからのたまわく
霊山会上にありしとき
声聞僧にまじわりて
頭陀を行じて化度せしむ

十六　粟散片州に誕生して

念仏宗をひろめしむ
衆生化度のためにとて
この土にたびたびきたらしむ

十七　阿弥陀如来化してこそ
本師源空としめしけれ
化縁すでにつきぬれば
浄土にかえりたまいにき

十八　本師源空のおわりには
光明紫雲のごとくなり
音楽哀婉雅亮にて
異香みぎりに暎芳す

十九　道俗男女預参し
卿上雲客群集す
頭北面西右脇にて
如来涅槃の儀をまもる

二十　本師源空命終時

建暦第二壬申歳
初春下旬第五日
浄土に還帰せしめけり
（『真宗聖典』四九八～四九九頁）

一、法然の伝記の概説

1、誕生と比叡山の修学

これから法然の和讃を尋ねていきますが、まず初めにその伝記を簡単に記しておきましょう。法然の伝記はたくさん書かれていて、最も古い『源空上人私日記』をはじめ、『法然上人伝記』（『九巻伝』）や『法然上人行状画図』（『四十八巻伝』）や、大正六（一九一七）年に発見された醍醐本の『法然上人伝記』などがあり、それぞれには多少の異同がありますが、ここでは歴史的な考証よりも法然の優れた人徳が伝わるようにまとめてみたいと思います。

法然は、長承二（一一三三）年に、美作の国久米南条の稲岡庄（現在の岡山県久米郡久米南町）に生まれました。そこには法然の誕生にちなんで、誕生寺が建てられています。若いころ寺川先生と二人でお参りしたことがありますが、うっそうとした木立に囲まれた古刹で、自然と厳粛な思いにさせられたことを覚えています。

父は押領使を務めていた漆間時国、母は秦氏の出であると伝えられています。押領使とは、一国の治安の維持に努める地方警察のような役目で、国司や郡司の中でも武芸にたけたものが兼任したのですが、漆間時国はその隊長でした。

平安末期で荘園制が壊れ始め、武士が台頭してくる時代ですから、稲岡庄の預所の明石定明とは土地の領有権をめぐってかねてから不仲でしたが、保延七（一一四一）年、法然が九歳の時に定明の夜襲に遭って時国は亡くなります。そのとき時国は幼い息子に、「決して敵を恨むな、お前が復讐を思うなら、いつまでも争いは絶えぬ」と遺言したと、伝えられています（『真宗聖教全書』三・六六七頁）。

法然は追っ手を逃れて、菩提寺の観覚に預けられます。観覚は若いころ比叡山で学んだ学僧ですが、法然の非凡な能力や資質を見抜き、辺鄙な田舎に置くのは惜しいと、彼が十三歳の時に比叡山北谷の源光の下へ送るのです。観覚の送り状には「大聖文殊像一体を進上す」（『真宗聖教全書』四・一五七頁）と書かれていましたから、このころからよほど優れた才能を発揮していたのであろうと推測されます。

久安三（一一四七）年、法然が十五歳の時に、東塔西谷の功徳院に住していた皇円の室に移ります。皇円は『扶桑略記』の撰者として著名で学名も高く、また関白藤原道兼の四世の孫であり、比叡山の立身出世が師匠の地位や勢力によって決まっていた状況から考えると、法然の将来によほどの期待がかかっていたと思われます。

その年に、法然は比叡山の戒壇院で大乗戒を授けられ、皇円の指導により本格的な仏道の勉学に励みます。天台宗の根本論疏である『法華玄義』『法華文句』『摩訶止観』各十巻の「天台三大部」を読破します。聡明な法然に師の皇円は、「学業に精進して、将来は天台座主になるように」と励ましたようですが、久安六（一一五〇）年十八歳の法然は、皇円の許を辞して遁世し、比叡山西塔黒谷の叡空の室に入ります。このとき師の皇円には「永く名利の望みをやめて、しずかに仏法を修学せんためなり」（『昭和新修法然上人全集』八二二頁）と伝えています。

このころの比叡山は源信のころよりも一層世俗化が進み、法然を授戒した第四十八世の座主行玄は、摂政関白の藤原師実の子息であり、歴代の座主のほとんどが上層貴族の出身者でした。学徳や人徳は無視されて、出自や派閥の争いの中で座主が決まっていたのですから、地方武士の出身であった法然などは、その出世の道には縁がなかったのかもしれません。また比叡山の大衆は、堂衆と学生との対立が激しく、世間の政治とも絡んで血なまぐさい戦いに明け暮れていましたから、比叡山の末法の現実が、求道心に燃えていた法然を遁世へと駆り立てたのでしょう。それにしても十八歳の若さで、求道の道に身を投じ一生を決したのは法然その人ですから、状況もさることながら、彼の求道心の確かさには目を瞠るばかりです。

合戦闘争の大衆から離れ、名聞利養とも決別して遁世した法然は、現世厭離の求道心の象徴として墨染めの衣に身を包み、念仏と修学の生活に入ります。比叡山の黒谷には、そのような念仏聖が集まる別所があり、師の叡空はその指導者の一人でした。

叡空は彼の決意の確かさに感銘して、「若くして早くも菩提心を発した。まことにこれ、法然道理のひじりである」と、「法然」の房号とともに、比叡山の最初の師である源光の「源」と叡空の「空」の一字を取って、その実名を「源空」と名づけました（『真宗聖教全書』三・六七四頁）。それまでの名はどこにも出ていなくてわからないのですが、この時から「法然房源空」と名乗ることになるのです。

師の叡空は持戒堅固の人であり、天台円頓戒の復興者でもあります。法然が「天台黒谷沙門源空」を名乗って生涯戒律を持つのも、師の影響が大きかったのではないかと思われます。

また西塔の黒谷別所は、源信が始めた二十五三昧会を修するところとして、よく知られていました。源信が横川の首楞厳院で始めた二十五三昧会は、毎月十五日に道俗共に会し、午前は『法華経』の講説で埋められ、午後から夜にかけては不断念仏を修めて往生極楽の道に立とうとしたのです。この源信の二十五三昧会が黒谷に伝えられていたのですから、比叡山時代の法然は、一切経を「ひらき見たまうこと五遍」（『法然上人伝全集』二三頁）と言われるように、天台法華を中心とする一切経の修学と、源信の『往生要集』から開かれる浄土教の修学との、二本柱が中心だったのではないかと推測されます。

『拾遺古徳伝』や『四十八巻伝』には、興味深い逸話が伝えられています。あるとき師の叡空が源信の『往生要集』を講義して、念仏に「観」と「称」との二義を立て、称名念仏よりも観仏三昧のほうが優れていると説くのです。ところが法然は「念仏一門による」という『往生要集』の序の言葉を根拠にして、称名念仏の優位を主張します。叡空は、先師良忍上人も観仏の優位を説いていると主張しますが、「お聖教の文章を正しく読むべきこと」を言い張って法然は譲りません。ついに叡空は、木枕を法然に投げつけたと伝えられています（『昭和新修法然上人全集』七二七頁）。

法然はたぐいまれな能力によって、聖教を正しく読めたのでしょう。しかし源信の説く称名念仏一つに徹するには、何といっても善導の自力無効の機の自覚を潜らなければなりません。このころの法然は、いまだそれが決定されずに、膨大な一切経の知識の中でさまよっていたのではないかと推測します。その知識のすべてがこの身一つに収束するためには、もうしばらく時間が必要だったのです。

保元元（一一五六）年、二十四歳になった法然は洛西嵯峨の釈迦堂に参籠して、ひたすら求道の一事を祈請します。この釈迦堂には、東大寺の僧であった奝然が宋から持ち帰った、三国伝来の釈迦如来像が安置されていました。この後南都に遊学することを考え合わせれば、そこへの参籠は我が身が救われるか否かの一点で、釈尊の一切経を読み直したいという祈願の表れではないかと思われます。

この参籠の後直ちに法然は、南都に遊学に向かいます。三論を寛雅に学び、華厳を慶雅に学び、法相については蔵俊に学んで、その俊英ぶりを発揮し、「智慧第一の法然房」と尊敬を集めます。師はそれぞれに伝統された典籍を法然に見せていますから、東大寺の三論宗に伝えられてきた曇鸞の『浄土論註』も、法然はこのときに読んだのかもしれません。

源信によって組織化された比叡山の浄土教の伝統とは違って、南都にも東大寺の三論宗を中心に独特の浄土教が伝統されていました。古くは奈良時代の智光（七〇九〜七八〇頃）や、『往生拾因』を書いた永観（一〇三三〜一一一一）、さらに『決定往生集』を書いた珍海（一〇九一〜一一五二）などが挙げられます。これらの仏者の著作には、善導の『観経疏』が多く引かれ、比叡山の伝統には見られない『論註』の文が引かれているのです。法然は『無量寿経釈』で、善導流の仏者として永観と珍海を挙げ（『昭和新修法然上人全集』八七頁）、さらに「法然上人御説法事」では、同じように智光と永観とを挙げて（『昭和新修法然上人全集』二二五頁）、東大寺の浄土教の伝統を褒めます。善導流とは『観経疏』を重視し凡夫の自覚に立って、念仏に帰した仏者たちです。法然の回心から逆に見れば、この南都の浄土教の伝統に学んだことが、法然に決定的な影響を与えたのではないかと推測されます。

この後、承安五（一一七五）年に四十三歳で回心するまで、法然の行実はほとんど伝えられていません。黒谷の報恩蔵に籠ってひたすら一切経を読み、仏道が身に落ちるまでには、よほどの時間がかかったのだと思います。

2、回心と教化

法然は、このときの歎きを次のように表明しています。

かなしきかなかなしきかな、いかがせんいかがせん。ここにわがごときは、すでに戒・定・慧の三学のうつわ物にあらず、この三学のほかにわが心に相応する法門ありや。わが身にたえたる修行やあると、よろずの智者にもとめ、もろもろの学者にとぶらいしに、おしえる人もなく、しめすともがらもなし。

(『真宗聖教全書』四・六八〇頁)

法然が述懐しているように、長い求道の中で比叡山にも南都にも師を見出すことができなかったのです。また、『阿弥陀経釈』には、次のように述べています。

しかるに予むかし叡峰にあって、天台の余風を扇ぎ、玉泉の下流をくみ、三観六即において疑雲いまだ披けず、四教五時において迷闇いまだ暁けず。いわんやまた異宗他門においてをや。ここに善導所立の往生浄土の宗において、経論ありといえども讃仰するにこれ人なし、疏書ありといえども習学するにこれ倫なし。ここを以て相承血脈の法に疎く、面授口訣の義に乏し。

(『昭和新修法然上人全集』一四六頁)

天台をはじめとする日本の仏教では、救われなかったのです。特に善導の凡夫の自覚を教える人がいなかったために、師資相承が実現しなかったと述べています。

法然は先の述懐に続けて、次のように言っています。

しかるあいだ、なげきなげき経蔵にいり、かなしみかなしみ聖教にむかいて、てずから身ずからひらきて見しに、善導和尚の『観経の疏』にいわく、「一心専念弥陀名号、行住坐臥不問時節久近、念念不捨者、是名正定之業、順彼仏願故」という文を見えてのち、われらがごとくの無智の身は、ひとえにこの文をあおぎ、もっぱらこのことわりをたのみて、念念不捨の称名を修して、決定往生の業因にそなうべし。ただ善導の遺教を信ずるのみにあらず、又あつく弥陀の弘願に順ぜり。「順彼仏願故」の文ふかくたましいにそみ、心にとどめたる也。

（『真宗聖教全書』四・六八〇～六八一頁）

ここに法然の浄土教への回心が、見事に語られています。衆生の能力の延長に仏道があるのではなく、弥陀の本願のほうから、凡夫の救いのすべてが与えられている浄土教に目が開かれたのです。善導の『観経疏』の「一心専念弥陀名号」の文によって「われらがごとくの無智の身」が決定して、自力によって救われる道が閉ざされます。しかし凡夫のままでどこを変える必要もなく、『大経』の本願に救われていったのです。そこに若い時から学んできた『往生要集』の称名念仏一つ、つまり「往生之業念仏為本」が決定したのです。

法然はこの四十三歳の時に、師の叡空に暇を告げて、出家の僧団であった比叡山を下山します。老若男女・貴賤の生活者が生き合う洛中で、正確な意味での一乗のサンガの実現に、身を投じることになります。最初は西山の広谷にいますが、やがて東山大谷の吉水で浄土教の布教を始めます。

法然までの浄土教は、源信や永観などのように所属していた本宗の枠組みの中で念仏を主張するのですが、法然はそうではなく念仏一つを宗とします。『観無量寿経釈』の中で法然は、次のように言います。

善導は偏に浄土を以て宗として、聖道を以て宗となさず。かるがゆえに偏に善導一師に依るなり。

（『昭和新修法然上人全集』一二七頁）

このように中国の道綽・善導によって教学的には独立していた浄土教を、法然は、辺州濁世の日本で歴史的な事実にまでして、浄土教を独立させるのです。出家の僧団であった聖道門から浄土門を独立させて、大乗の仏教を庶民に開放したのです。そこに仏教史上で法然が大きな意味を持つのですが、それだけにパイオニアとしての法然は、やがて何度もの法難にさらされることになります。

法然は四十三歳から、東山吉水の地で称名念仏一つを説き、ひたすら浄土教の布教に力を尽くします。親鸞と遇うまでには、まだ二十五年の歳月がありますが、その間も東西切っての仏者として世間の注目を集めています。

養和元（一一八一）年、法然が四十九歳の時に源平の戦いで消失した東大寺再興の大勧進職に推挙されます。ところが、法然はそれを固辞して、栄誉を弟子の重源に譲ります。東大寺は重源の尽力によって再興されるのですが、この出来事は結果的に、法然が名聞利養のために布教をしているのではないことを、世に知らしめることになりました。

また文治二（一一八六）年、法然が五十四歳の時に、のちに天台座主となる顕真の要請で、大原で仏道の救いについての求道的な問答が設けられます。山門の碩徳三十人余り、南都の高僧二十人余り、門徒も含めて三百人もの中で仏道の要義を議論しています（『昭和新修法然上人全集』一〇九〇頁）。一日一夜続けられた討論では、あらゆる方向からの質問が法然に集中しますが、法然は凡夫の自覚に立って、本願の道理を懇切丁寧に説いています。

注目すべきはその座に、後に「興福寺奏状」を起草した解脱房貞慶がいて、法然と対峙しています。彼は聖道門の「現世証入」は優れているが、「往生以後に悟りを得る」浄土門は劣っている、と浄土教を非難します。それに対して法然は、「聖道門は自力であって、如来の本願力に住持された世界を知らない。ですから現世で悟りを得ることは万に一人もないのです」と述べて、その理由を本願の道理に則って丁寧に答えています（『昭和新修法然上人全集』一〇九五～一〇九六頁）。

法然に全くその意図がなかったとしても、「現世の証入は万に一も之なし」という言葉は、貞慶には「貴房も例に漏れず、自力で悟っていないではありませぬか」と聞こえたのではないでしょうか。しかも、三百人を超える碩学や門信徒の前で、法然は凡夫の自覚に立って答えたのですから、自分たちの代弁をしていると思ったのか、聴衆の拍手喝采が鳴りやみません。それに、貞慶は痛く傷ついたのでしょう。

この大原問答を期に法然の弟子になる学僧も多くいたのですが、反対に反感や怨みを買ったことも確かです。おそらく貞慶は後者であり、「興福寺奏状」を起草して世間の権力を利用しながら、法然を貶める他はなかったのかもしれません。もちろん「興福寺奏状」は、日本の八宗こそ正統であり、それを守るという正義感に貫かれていますから、推測にすぎません。

この大原問答では法然が、時機の自覚に立って「自己の能力の限界を述べたのであって、優れた人の修行を妨げるつもりはありません」と言うのですが、顕真をはじめ聴衆はみな法然に信伏します。やがて顕真の発議によって高声念仏が始められ、聴衆とともに三日三晩の間、不断念仏の声が大原の山に響いたと伝えられています。この出来事によって、法然の「智慧第一の法然房」という名声は、これまで以上に広がっていったのでした。

3、浄土門の独立と法難

浄土門独立の宣言書とも言える『選択本願念仏集』が書かれた時期は、諸伝が伝えるところによると、法然が六十六歳の時です。親鸞が『教行信証』の後序で「『選択本願念仏集』は禅定博陸 月輪殿兼実・法名円照 の教命に依って撰集せしむるところなり」(『真宗聖典』四〇〇頁)と記しているように、親鸞が入室する三年前に、九条兼実の強い要請で書かれています。兼実は三顧の礼を尽くして法然に執筆を懇請しているのですが、政治家の独特の勘で、後の度重なる法難を予見してのことではなかったかと推測します。もしも法難で教団に万一のことがあっても、浄土教の要義を残さなければならない、それが兼実の願いです。事実、著書になったおかげで、今でも『選択集』は手に取って読むことができます。親鸞は、兼実の卓見に敬意を払って後序に、『選択集』の撰者として九条兼実の名を掲げるのではないでしょうか。

実際、『選択集』の執筆から丸一年を置いた正治二(一二〇〇)年五月十二日には、鎌倉幕府が念仏禁止令を出しています。その翌年、建仁元(一二〇一)年に、親鸞は二十九歳で法然の門に入室しますが、その三年後の元久元(一二〇四)年には、延暦寺の衆徒が座主真性に専修念仏停止を訴えて、元久の法難が起こっているのです。

さらにその三年後、承元元(一二〇七)年二月に、日本の歴史上でも未曾有の承元の法難が断行されます。貞慶が起草した「興福寺奏状」は、この事件に先立つこと一年半ほど前の元久二(一二〇五)年十月に提出されていました。それには次のように書かれています。

右くだんの源空、一門に偏執し、八宗を都滅す。天魔の所為、仏神痛むべし。よって諸宗同心、天奏に及ばんと欲する（中略）早く奏聞を経て、七道諸国に仰せて、一向専修条条の過失を停止せられ、兼ねてまた罪科を源空ならびに弟子等に行われんことを、

（『鎌倉旧仏教』四二頁、中略筆者）

ところがこのような激しい訴えにもかかわらず、公家たちは法然の学識と持戒堅固で清廉潔白な人徳を尊敬して、念仏門に同情的でした。法然は何も名聞利養のために念仏を弘めているのではない、念仏を停止することはかえって仏道を妨げるのではないかという理由から、「八宗同心の訴状」が、とどめ置かれていたのです。

ところが後鳥羽上皇が熊野詣をしている間に、御所の女房である鈴虫と松虫が出家したことが、事ありげに伝えられて、「興福寺奏状」が正式に受理され法難が断行されたのです。住蓮・安楽をはじめとして四人が死罪、法然、親鸞をはじめとして八人が流罪というこの法難によって、法然の大乗のサンガは解体させられてしまったのです。

親鸞はこの承元の法難が、「忿」と「怨」によって引き起こされたと明確に指摘しています。

ここをもって興福寺の学徒、　太上天皇諱尊成、　今上諱爲仁　聖暦・承元丁の卯の歳、仲春上旬

の侯に奏達す。主上臣下、法に背き義に違し、忿を成し怨を結ぶ。（『真宗聖典』三九八頁）

この「忿を成し怨を結ぶ」とは、承元の法難の引き金になった住蓮・安楽の事件に対する後鳥羽上皇の「忿」と、「興福寺奏状」を起草した解脱房貞慶の「怨」とを指す、と見るのは穿ちすぎでしょうか。

このような度重なる法難の根源には、法然の信心の潔癖さが輝いていました。「たちどころに余行を舎てて、ここに念仏に帰しぬ」（『真宗聖教全書』一・九九三頁）と『選択集』に記される回心は、「諸行は廃のためにしかも説く、念仏は立のためにしかも説く」（『真宗聖教全書』一・九五〇頁）と、必然的に廃立という方法になっていったのです。廃された日本の八宗がこぞって怒り、生き死にをかけた戦いを挑むのも、わからないわけではありません。

法然は七十五歳で遠流になりますが、その時、弟子の西阿弥陀仏が「経釈の言葉は正しくても、世間の機嫌を損なうばかりです」と歎くと、法然は「私が首を切られても、称名念仏の他にはない」と答えています（『昭和新修法然上人全集』七一五頁）。法然も文字通り、命を懸けていました。肉体の命よりももっと大切な本願念仏の無量のいのちに生きた法然の面目を、よく表している言葉だと思われます。

法然が土佐に遠流になったのは、ひとえに兼実の献身的な努力によるものです。法然を送り出してから一カ月もたたない四月五日に、兼実はその心労がたたって五十九歳で命を落とします。親鸞が『教行信証』でただ一人九条兼実の名を挙げるのは、『選択集』をこの世に残してくれた功労者であると同時に、兼実も承元の法難の犠牲者だと見ていたのかもしれません。

親鸞はこの承元の法難が赦免されてから関東に移り、そこで一つは法然の教団の再生、つまり名もない人々を教化することによって、法然が目指した大乗のサンガの再生に力を注ぎます。もう一つは『教行信証』の執筆ですが、この書は法然との師資相承の中で、親鸞に託された凡夫往生の仏道の道理を、『大経』の本願に立って公開するためです。しかし兼実の「著書として要義を残してほしい」という願いに、応じたかのようです。いずれにしてもこの二つの大きなお仕事は、この法難が決定的な契機になっていることがよくわかります。

幸い法然は、流罪に就いて一年もたたない十二月八日に赦免されますが、直ちに京都に帰ることが許されずに、摂津の勝尾寺に逗留することになります。その後の仔細を、親鸞が『教行信証』の後序に次のように記しています。

皇帝諱守成聖代、建暦辛の未の歳、子月の中旬第七日に、勅免を蒙りて、入洛して已後、空、洛陽の東山の西の麓、鳥部野の北の辺、大谷に居たまいき。同じき二年壬申寅月の下旬第五日午の時、入滅したまう。奇瑞称計すべからず。『別伝』に見えたり。

（『真宗聖典』三九九頁）

建暦元（一二一一）年十一月十七日に、法然は勅免によって京都に帰ってきます。伝記では、兼実の弟である慈円の配慮によって、大谷山上の禅房が法然の房舎となりますが、七十九歳の法然にはもう生きる力が残されていませんでした。次の年の正月二日から病床に臥し、称名念仏とともに凡夫往生の要義を讃嘆したと伝えられています。勢観房源智が『一枚起請文』を聞き取るのもこの時であったと思われます。建暦二年正月二十五日の午の時に、法然は八十歳で、その苦労多き生涯を閉じるのです。浄土往生を現す奇瑞は、別伝にも述べられていると記されています。

二、総説の四首の和讃について

1、浄土門独立の意義

法然の和讃は、全部で二十首詠われています。最初から第四首目までの和讃は、次のように詠われます。

一　本師源空世にいでて
　　弘願の一乗ひろめつつ

日本一州ことごとく
浄土の機縁あらわれぬ

二　智慧光のちからより
本師源空あらわれて
浄土真宗をひらきつつ
選択本願のべたまう

三　善導源信すすむとも
本師源空ひろめずは
片州濁世のともがらは
いかでか真宗をさとらまし

四　曠劫多生のあいだにも
出離の強縁しらざりき
本師源空いまさずは
このたびむなしくすぎなまし
（『真宗聖典』四九八頁）

ここは二十首全体の総説に当たる和讃です。法然が「片州濁世」の日本で、聖道門から浄土教を独立させて、本願力による一乗の仏教を弘めたことが讃詠されています。

それでは最初に、それぞれの和讃の意味を述べておきましょう。第一首目の和讃は、「本師源空が日本にお出ましになり、本願力による一乗の法を弘めて、日本の全土に浄土の機縁が熟した」という意味です。第二首目は、「法然は、阿弥陀如来の智慧を表す勢至菩薩の智慧の力からこの世に現れ、浄土真宗を開いて、選択本願の念仏を弘めてくださった」という意味です。第三首目は、「たとい唐の善導や日本の源信が念仏の教えを説いてくれていたとしても、法然が称名念仏一つを説いてくださらなければ、片州濁世に生きる我々は、どうして真宗がわかったであろうか」という意味です。第四首目の和讃は、「久遠劫の昔から、生まれ変わり死に変わりしてきた間にも、生死を離れる強縁となる本願力を知らなかった。本師源空がもしお出ましにならなければ、この度の人生もむなしく過ぎたであろう」という意味です。

第一首目は「弘願の一乗」、第二首目は「選択本願」と「浄土真宗」、第三首目は「片州濁世のともがら」、第四首目は「出離の強縁」という大切な言葉を配しながら、日本における浄土門の独立の意義を褒めています。これからは今述べた言葉を中心にしながら、法然のお仕事の意味を考えていきましょう。

2、聖道門と浄土門の方向性の違い

法然の浄土教の独立の大切な意義を確認するために、まず聖道門と浄土門の仏道の方向性の違いから述べていきましょう。聖道門は人間から仏の覚りへという方向性を持つのに対して、浄土門は仏の覚りから人間へという逆の方向を持ちます。同じ大乗仏教ですが、方向という意味でも異質なのです。どのような仏様でも覚りを得るためには、菩薩として上求菩提（自利）・下化衆生（利他）という本願と、それを実現するための因位の修行を持っています。そこから言えば、仏の覚りは果で、本願は因ということになります。聖道門は果の仏の覚りを求める仏教ですが、浄土門は凡夫に帰って因の本願を「出離の強縁」にする仏教です。

同じ大乗仏教でも、お互いに相入れない決定的な立場の違いがあります。ですから同じ仏道の言葉を使って議論しても、基本的な立場の違いによって誤解を生み、すれ違っていくことになります。それをよく知っていた法然は、『選択集』の最後に次のように記します。

こいねがわくは一たび高覧を経ての後、壁の底に埋みて、窓の前に遺すことなかれ。おそらくは破法の人をして悪道に堕せしめざらんが為なり。

（『真宗聖教全書』一・九九三～九九四頁）

聖道門との軋轢を恐れてこのように述べたのでしょうが、法然が予感した通り、この『選択集』の執筆を期に何度もの法難が起こりました。

さて、ここでわかりやすいように、二つの仏道の修道体系を考えてみましょう。釈尊は覚りを悟る前に前正覚山と呼ばれる山で、六年間の命がけの苦行を重ねました。まさにガンダーラの苦行仏のように目は落ち窪み骨と皮だけに痩せて、尼連禅河を渡ろうとして流され、村娘のスジャータに助けられ乳粥を与えられて蘇るのです。そして、そこから一キロほどの金剛法座の上で覚りを悟ります。この釈尊をモデルにして、同じように覚りを悟ろうと、修道体系が立てられるのが聖道門です。

『菩薩瓔珞経』や『十地経』・『華厳経』「十地品」等によって、十信・十住・十行・十回向・十地・等覚・妙覚という階段を登るような菩薩の五十二位の階梯が設けられます。最初の十信位の者は、出来の良くない凡夫という意味で「外凡夫」と言います。十住・十行・十回向の良くできる凡夫を「内凡夫」と言います。十地からは菩薩です。その菩薩の階位も初歓喜地から始まって、七地沈空の難関を超えて十地の法雲地までの十段階、さらにその上の如来の覚りに等しい等覚と、如来の覚りである妙覚というように、外凡夫が内凡夫になり菩薩になって、やがて如来の覚りを悟るというように、五十二位の菩薩の修行の階梯が建てられます。

これは、釈尊がモデルですから釈迦教と言い、自力をもとにしていますから自力教と言います。また、凡夫が聖人になり、釈尊と同じように覚りを悟る道ですから聖道門とも言います。このように浄土門以外の大乗仏教は、すべて人間から仏の覚りへという方向を持つのですが、その中心に天台宗が大切にする『法華経』があるのです。

それに対して浄土門の『大無量寿経』の仏道は、仏の覚りから人間へという反対の方向を持ちます。親鸞はそれを『唯信鈔文意』で、次のように記しています。

法身は、いろもなし、かたちもましまさず。しかれば、こころもおよばれず。ことばもたえたり。この一如よりかたちをあらわして、方便法身ともうす御すがたをしめして、法蔵比丘となのりたまいて、不可思議の大誓願をおこして、あらわれたまう御かたちをば、世親菩薩は、尽十方無碍光如来となづけたてまつりたまえり。

（『真宗聖典』五五四頁）

親鸞が述べるように、阿弥陀如来（法身）の覚りのほうから法蔵菩薩として起ちあがり、一切衆生を救いたいという大誓願をおこして浄土を建立し、その浄土で一切衆生を救い遂げるために名号にまでなって、如より来生しているのです。それは仏の覚りなどわからない一切衆生のために、覚りのほうがすべてを整えて、一如から衆生へ来てくださっている仏道です。

聖道門は、仏在世時であれば有効でしょう。釈尊に、覚りの内容を聞くこともできますし、修行の方法も聞けるでしょう。しかし釈尊が入滅して末法になれば、凡夫には覚りもわかりませんし、釈尊に聞くこともできません。道綽が末法の時に聖道門が成り立たない理由を、「一には大聖去ること遙遠なるに由る。二には理深く解微なるに由る」（『真宗聖教全書』一・四一〇頁）と二つ挙げるのはそのためです。

このように末法になれば、凡夫に帰って阿弥陀如来の本願力を「出離の強縁」にする浄土門しか大乗仏教は残されていません。それを和讃でも、

一　本師源空世にいでて
弘願の一乗ひろめつつ
日本一州ことごとく
浄土の機縁あらわれぬ

三　善導源信すすむとも
本師源空ひろめずは
片州濁世のともがらは
いかでか真宗をさとらまし

（『真宗聖典』四九八頁、傍線筆者）

と詠うのです。法然の時機（身）の自覚が、どれほど正確で的確であったかがよくわかります。

これまで述べたように二つの仏道がありますが、浄土門の七祖のすべては、初め聖道門の自力の修行に真剣に取り組み、結果的に浄土門へ転向した人ばかりです。その浄土門への転向を決定的にするものが、善知識との出遇いです。ここではわかりやすいように、親鸞と法然との出遇いをもとにそれを考えたいと思います。

3、善知識との出遇い

親鸞が書き残したものの中に、私事は一切記されていません。お手紙の中にさえそれが見られないことから、よほど徹底していたのでしょう。つまり、親鸞は著作から実生活に至るまで、公なる法の道理に相応して生きることに徹した仏者でした。その公なる道理を親鸞に開くことになった法然との出遇いは、ですから決して個人的な出来事ではなかったのです。つまり、いつ、どこで、どんな人に起こっても、善知識との出遇いは必ずこのような目覚めを得るという、本願力のはたらきを説いているのであって、単なる経験を言っているのではありません。『歎異抄』の第二章には、その体験的な意味が、次のように伝えられています。

親鸞におきては、ただ念仏して、弥陀にたすけられまいらすべしと、よきひとのおおせをかぶりて、信ずるほかに別の子細なきなり。念仏は、まことに浄土にうまるるたねにてやはんべるらん、また、地獄におつべき業にてやはんべるらん。総じてもって存知せざるなり。たとい、法然聖人にすかされまいらせて、念仏して地獄におちたりとも、さらに後悔すべからずそうろう。そのゆえは、自余の行もはげみて、仏になるべかりける身が、念仏をもうして、地獄にもおちてそうらわばこそ、すかされたてまつりて、という後悔もそうらわめ。いずれの行もおよびがたき身なれば、とても地獄は一定すみかぞかし。

（『真宗聖典』六二七頁）

また、同じ法然との出遇いが『恵信尼消息』にも、次のように伝えられています。

後世の助からんずる縁にあいまいらせんと、たずねまいらせて、法然上人にあいまいらせて、又、六角堂に百日こもらせ給いて候いけるように、又、百か日、降るにも照るにも、いかなる大事にも、参りてありしに、ただ、後世の事は、善き人にも悪しきにも、同じように、生死出ずべきみちをば、ただ一筋に仰せられ候いしをうけ給わりさだめて候いしかば、上人のわたらせ給わんところには、人はいかにも申せ、たとい悪道にわたらせ給うべしと申すとも、世々生々にも迷いければこそありけめ、とまで思いまいらする身なればと、ようように人の申し候いし時も仰せ候いしなり。

（『真宗聖典』六一六〜六一七頁）

この『恵信尼消息』が親鸞の妻の聞書であり、先の『歎異抄』が弟子・唯円の聞書です。残されたものがどちらも聞書であることから、親鸞は、法然との出遇いについてはいつも周りの人に語り聞かせていたと思われます。

その体験的な目覚めの意味を、『教行信証』では後序に、次のように記されています。

しかるに愚禿釈の鸞、建仁辛の酉の暦、雑行を棄てて本願に帰す。（『真宗聖典』三九九頁）

先の二つの聞書は、親鸞の体験的な意味を伝えるのでしょうが、『教行信証』のほうは個人的な体験を超える意味を、『大経』の本願成就文に立って、「雑行を棄てて本願に帰す」と表明しています。つまり出遇いを通して得た凡夫の目覚めは、阿弥陀如来の本願力による目覚めであるという道理を、表明しているのです。法然との出遇いを伝える大切な文は、この三文であると思われますので、これらに依りながら、しばらくその意味について考えてみましょう。

『歎異抄』のほうでは、法然の「ただ念仏して、弥陀にたすけられまいらすべし」という教えに遇って、親鸞は「いずれの行もおよびがたき身なれば、とても地獄は一定すみかぞかし」と応えています。さらに『恵信尼消息』のほうでも、法然の「ただ、後世の事は、善き人にも悪しきにも、同じように、生死出ずべきみちをば、ただ一筋に仰せられ」ていた教えを受け賜わって、親鸞は「たとい悪道にわたらせ給うべしと申すとも、世々生々にも迷いければこそありけめ」と応えています。つまり、「法然が教える念仏の教えによって、たとえ悪道に落ちたとしても、生まれかわり死にかわりする永遠の間迷ってきた身なのですから、後悔はありません」という意味です。要するに『恵信尼消息』と『歎異抄』とはどちらも同じように、自力無効の目覚めを表明しています。

この自力無効の目覚めが、善知識との出遇いの体験的な意味なのです。親鸞は二十九歳で法然に遇うまでは、比叡山の自力の修行で救われようと必死の努力を続けたのです。ところが「ただ念仏して、弥陀の本願に救われなさい」という法然の教えによって、これまでの努力とは全く反対の方向を持つ仏教、つまり弥陀の本願のほうから救われる仏教を、教えられたのです。親鸞はそれが果たされるまでに二十年弱の歳月が必要でしたし、法然はこの自力無効を教える師も友もなかったために、三十年弱の歳月がかかりました。

また、清沢満之は「我が信念」の中で、次のように述べています。

此自力の無功なることを信ずるには、私の智慧や思案の有り丈を尽して其頭の挙げようのない様になる、と云うことが必要である、此が甚だ骨の折れた仕事でありました、

（岩波『清沢満之全集』六・三三二頁）

このように浄土門の人たちは、自力無効の目覚めを得ることが「甚だ骨の折れた仕事」であり、時間もかかったのです。それは当然のことで、生涯自力を生きる人間に、その前提になっている自力そのことに目覚めるのは不可能だからです。どんなに力の強い巨人でも、自分の体だけは持ち上げられないことに似ています。その不可能な出来事が法然の教えによって起こったのですから、法然は浄土から自分のために来てくださって、人間を超えた阿弥陀如来の智慧を湛えた方だと、仰ぐ他はありません。そのような感動を込めて、先の和讃が詠われたのです。

二　智慧光のちからより
　　本師源空あらわれて
　　浄土真宗をひらきつつ
　　選択本願のべたまう

四　曠劫多生のあいだにも
　　出離の強縁しらざりき
　　本師源空いまさずは
　　このたびむなしくすぎなまし

（『真宗聖典』四九八頁）

法然は勢至菩薩を本地とした阿弥陀如来の智慧で、自力に地獄のもとがあると見抜いてくださった。もし法然に遇わなかったら、地獄を人のせいにし、地獄を恨んで、自分の人生が全うしなかった。「地獄は一定すみかぞかし」と言えて、初めて善いことも悪いことも丸ごと引き受けて、比べる必要のない自分自身になったのだという、親鸞の溢れるような謝念が感じられます。

4、弘願の一乗

このような自力無効の目覚めは直接的には法然の教えによるのですが、より根源的には阿弥陀如来の本願の智慧によります。ですから親鸞は、この回心の出来事を『教行信証』では、「雑行を棄てて本願に帰す」と記すのです。念仏の教えが誰に実現しようとも、体験的には自力無効の目覚めが起こり、それを見抜いた本願の智慧の世界に解放されると告げているのです。要するに、比べるという自力に地獄のもとがあると見破った本願の智慧は、衆生を「青色青光、黄色黄光、赤色赤光、白色白光」(『真宗聖典』一二六頁)という、比べる必要のない世界に解放するのです。

『教行信証』の「行巻」では、念仏が開く一乗を、次のように説いています。

「一乗」は大乗なり。大乗は仏乗なり。一乗を得るは、阿耨多羅三藐三菩提を得るなり。阿耨菩提はすなわちこれ涅槃界なり。(中略)一乗はすなわち第一義乗なり。ただこれ、誓願一仏乗なり。

（『真宗聖典』一九六～一九七頁、中略筆者）

ここに言われるように、一乗とは阿耨多羅三藐三菩提の覚りを得ることです。しかし聖道門のように自力による覚りではなくて、誓願によって開かれる一乗を「誓願一仏乗」と言うのです。それはそのまま、如来の智慧海である大涅槃の覚りであると説かれています。この念仏に開かれた大涅槃の覚りに包まれたものは、必ず仏に成ることが決定されます。それが「転成」と「不宿」として、次のように説かれています。

「海」と言うは、久遠よりこのかた、凡聖所修の雑修雑善の川水を転じ、逆謗闡提恒沙無明の海水を転じて、本願大悲智慧真実恒沙万徳の大宝海水と成る、これを海の如きに喩うるなり。良に知りぬ、経に説きて「煩悩の氷解けて功徳の水と成る」と言えるがごとし。已上
願海は二乗雑善の中下の屍骸を宿さず。いかにいわんや、人天の虚仮邪偽の善業、雑毒雑心の屍骸を宿さんや。

（『真宗聖典』一九八頁）

誓願の一乗海は、相対分別を破って、善も悪もすべてを真実の大宝海に転成します。それはあたかもすべての川が海へ流れ出れば、必ず一味となるようなものです。ですから誓願一仏乗の「本願大悲

智慧真実恒沙万徳」を海に喩えるのです。また願海は、二乗の屍骸も宿さないのですから、人間的な一切の自力を入れません。このように、本願力によって凡夫のままで仏に成るものへ転成させる、それが如来の誓願による一乗の特質です。

親鸞はこの一乗について、「化身土巻」で実に積極的な了解を述べています。まず善導の『観経疏』「玄義分」から、

心に依って勝行を起こせり、門八万四千に余れり、漸・頓すなわちおのおの所宜に称いて、縁に随う者、すなわちみな解脱を蒙れり

（『真宗聖典』三四〇頁）

という文を引用します。「釈尊の仏教は八万四千にも余る道が説かれているのだから、縁に随って勝れた行によるならば、みな解脱を得るであろう」という意味の文章です。ところがこの文を親鸞は、次のように読んでいるのです。

「門余」と言うは、「門」はすなわち八万四千の仮門なり、「余」はすなわち本願一乗海なり。

（『真宗聖典』三四一頁）

釈尊は八万四千の法門を方便として説いていますが、それは特に『大経』の「本願一乗海」に導くためです。ここに聖道門とは全く逆の、本願史観と言ってもいい親鸞の択法眼が輝いています。『大経』の三毒五悪段によれば、一切衆生の本質は「愚痴」の煩悩です。菩提心といえども煩悩に汚されているのですから、自力の延長線上に仏の覚りが実現するはずはありません。嘘を重ねて真実にしようとするようなものです。真実は、如来の覚りのほうから開かれた誓願一仏乗（大涅槃）以外にはありえないのです。ここに八万四千の仏教をも超えた仏教が、明らかにされます。釈尊をも仏にせしめた、仏教を超えた仏教、それが阿弥陀如来の本願による浄土真宗なのです。このような感銘を込めて親鸞は、

一　本師源空世にいでて
　　弘願の一乗ひろめつつ
　　日本一州ことごとく
　　浄土の機縁あらわれぬ

二　智慧光のちからより
　　本師源空あらわれて
　　浄土真宗をひらきつつ

選択本願のべたまう　（『真宗聖典』四九八頁）

と詠います。

法然は「浄土宗」と名乗りますが、ここではあえて「浄土真宗」という言葉を使っています。親鸞は『教行信証』で、法然の『選択集』の念仏往生の真髄を大般涅槃道（成仏道）として開顕し、それを「浄土真宗」と名乗ります。それはまた第十一首・第十二首目の和讃のところで詳しく述べますが、要するに、阿弥陀如来の選択本願に開かれた大涅槃の覚りに包まれて、凡夫であっても必ず涅槃へ帰るべきもの（成仏）へと決定されます。それを正定聚の位と言います。しかし身は凡夫ですから、そこから生涯、願生浄土の仏道に立って仏に成る道を歩み続け、「臨終一念の夕、大般涅槃を超証」（『真宗聖典』二五〇頁）するのです。このように凡夫のままで必ず仏に成る道を「浄土真宗」と言いますから、親鸞は『選択集』の念仏往生の本質は、成仏道（大般涅槃道）にあることを見抜いているのです。

これまで述べてきたように、聖道門と浄土門との異質性を決定的に明確にした大偉業が、法然の浄土宗の独立です。それは源信が、天台宗の中で念仏往生の大切さ（寓宗）を説いたのとは違います。また唐の善導が『観経』を中心に浄土教学を完成させたことを一歩進めて、法然はこの日本で歴史的な事実にまで具体化したのです。そこには、法然の教学面から生活面に至るまでの甚深の配慮と、度

重なる法難の苦労もありました。その万感の思いを込めて、親鸞は、

三　善導源信すすむとも
本師源空ひろめずは
片州濁世のともがらは
いかでか真宗をさとらまし
（『真宗聖典』四九八頁）

と詠うのです。

三、法然の行実の讃詠

1、和讃の概説

さて次の第五首目から第十首目までの和讃は、法然の行実によって讃仰した和讃になります。まずはその和讃を拝読してみましょう。

五　源空三五のよわいにて
　無常のことわりさとりつつ
　厭離の素懐をあらわして
　菩提のみちにぞいらしめし

六　源空智行の至徳には
　聖道諸宗の師主も
　みなもろともに帰せしめて
　一心金剛の戒師とす

七　源空存在せしときに
　金色の光明はなたしむ
　禅定博陸まのあたり
　拝見せしめたまいけり

八　本師源空の本地をば
　世俗のひとびとあいつたえ
　綽和尚と称せしめ
　あるいは善導としめしけり

九　源空勢至と示現し
　あるいは弥陀と顕現す
　上皇群臣尊敬し
　京夷庶民欽仰す

十　承久の太上法皇は
　本師源空を帰敬しき
　釈門儒林みなともに
　ひとしく真宗に悟入せり

（『真宗聖典』四九八～四九九頁）

最初にこれらの和讃の意味を述べておきましょう。第五首目の和讃は、「源空は十五歳で無常の道理をさとって、厭離穢土の本懐を表明し大乗の仏教に入られた」という意味です。第六首目は、「源空の智慧と行との徳を慕って、かつて師であった聖道諸宗の学匠たちも共に法然に帰依して、円頓大乗戒の戒師と仰いだ」という意味です。第七首目は、「源空が存命中には、金色の智慧の光明を放っておられました。出家した関白九条兼実は、親しく拝見したのでした」という意味です。第八首目は、「世俗の人々は皆が、法然は道綽や善導の生まれ変わりだと伝えていました」という意味です。第九首目は、「源空が存命中は、あたかも勢至菩薩や阿弥陀如来の姿で、教化してくださいました。天子や公家や大臣たちがみな尊敬し、都や田舎の庶民たちもみな敬い仰いだのでした」という意味です。最後の第十首目の和讃は、「承久の太上法皇（持名院守貞親王）は、法然に帰依し尊敬されました。諸寺の僧侶や世俗の学者たちも、みな同じように真宗の教えを聞き、念仏者になったのです」という意味です。

ここはすべての和讃が、法然の称名念仏の教化を、具体的な行実に基づいて讃仰しています。しかし親鸞のころにはまだ、法然の伝記はできていませんでした。親鸞が八十四、五歳のころに、師の法然の説法や法語、さらに優れた行実を伝えるために、『西方指南抄』を書写して残しています。その中に『源空聖人私日記』（『真宗聖教全書』四・一五七〜一六三頁）という短い伝記が収録されています。これには書かれた年や著者名がありませんし、この『西方指南抄』以外には見ることができませんので、もしかしたら親鸞ご自身の編集なのかもしれません。いずれにしても法然滅後四十五年くらいに収録されていますから、現存する法然の伝記では一番古いものになります。

もう少し古いもので、法然滅後十五年ころに書かれたとされる聖覚の『十六門記』があります。しかしこの伝記は、聖覚の撰ではないという説もありますし、また『法然上人行状画図』（『四十八巻伝』）から大切なところを集めているという説などがありますので、『源空聖人私日記』よりも古いと確定することはできません。

一般的には正和元（一三一二）年、法然の百回忌ころに編纂された『法然上人伝記』（『九巻伝』）が古いものであり、それをもとにして『法然上人行状画図』(『四十八巻伝』)が編纂されたと言われています。ただしこれにも異説があって、中井真孝氏の論文等では『四十八巻伝』のほうが古いとされています。

しかし真宗の伝統から言えば、覚如が記した『拾遺古徳伝』が大切です。これは『源空聖人私日記』や「源空和讃」二十首、その他『西方指南抄』の資料等をもとにしながら記した法然の伝記です。しかも『九巻伝』よりも十一年前の正安三(一三〇一)年に、覚如が撰述したものですから、大切に読むべき書であると思います(『真宗聖教全書』三・六六五～七六八頁)。

いずれにしても、親鸞が源空和讃二十首を詠うころに、法然の伝記があったかどうかは定かではありません。しかし『西方指南抄』の中にも、多くの法語、行実が書写されています。親鸞が『教行信証』を完成させるために、六十歳(一二三二年)ごろに関東から帰洛しますが、そのときには法然門下の聖覚・幸西・源智・弁長・良忠等の主だった門弟が存命中ですから、法然の遺徳は洛中の庶民にまで伝えられていました。親鸞は法然門下で最も長生きをした弟子ですから、京都に帰ってからの聞書や、それまで書き溜めていた資料を整理して、晩年『西方指南抄』としてまとめたのであると思われます。

まず第五首目、第六首目の和讃を見てみましょう。

五　源空三五のよわいにて
　無常のことわりさとりつつ
　厭離の素懐をあらわして
　菩提のみちにぞいらしめし

六　源空智行の至徳には
　聖道諸宗の師主も
　みなもろともに帰せしめて
　一心金剛の戒師とす

（『真宗聖典』四九八頁）

と詠われます。先の伝記にも記したように、法然は十五歳の時に戒壇院で大乗戒を受けて出家します。『源空聖人私日記』には、それが次のように記されています。

高倉の天皇の御宇に戒を得たまいき。その戒の相承、南岳大師より伝うるところ今に絶えず。世間流布の戒これなり。聖人所学の宗宗、師匠四人、還て弟子に成りおわりぬ。

（『真宗聖教全書』四・一五八頁）

「法然は、高倉天皇のとき久安三（一一四七）年に十五歳で、南岳慧思伝来の大乗戒を受けて出家する。法然の師が後に四人とも弟子になった」と記されています。この受戒の三年後に、師の皇円の許を辞して隠遁します。この隠遁の決意は、法然が受戒したときにすでに決まっていたようで、皇円はそれを引き留めていたのですがついに留めきれず、それならばと皇円が叡空の門に入ることを勧めたのです。法然は叡空に自分の素懐を述べるのですが、それに随喜して「少年にして出離のこころをおこせり、まことにこれ法然道理の聖人なり」（『真宗聖教全書』三・六七四頁）と褒めて、叡空が「法然房源空」の名を与えるのです。第五首目はこのような法然の求道心の確かさを褒めて、「無常のことわりさとりつつ　厭離の素懐をあらわして　菩提のみちにぞいらしめし」と讃えるのでしょう。

第六首目で詠われる内容は『源空聖人私日記』にも記されているように、それまでの師匠であった観覚・源光・皇円・叡空の諸師が、法然の弟子になります。さらには南都遊学の際に出遇った因明の大家であった蔵俊、三論宗の寛雅、華厳宗の慶雅等の諸師がこぞって法然に帰依して「一心金剛の戒師」、つまり仏祖伝来の円頓戒の戒師として尊敬したと、詠われているのです。

法然の弟子は三百八十余名と言われますが、そのほとんどは比叡山・南都・真言等の出家の僧侶です。法然は「現世をすぐべき様は、念仏の申されん様にすぐべし」（『真宗聖教全書』四・六八三頁）と、出家でも在家でもいいと言いますが、ご自身は生涯「一心金剛の戒師」を貫き、弟子だけでなく世間の尊敬を集めていたのです。

『高田正統伝』では、九条兼実に「出家でも在家でも、念仏申されるように過ごせと申されますが、ご師匠様は持戒堅固の身ではありませんか」と指摘されて、法然は善信に結婚を勧め、善信はそれを快く承諾したと伝えられています（『真宗史料集成』七・三三二頁）。もし法然が結婚していたら弟子や世間の眼は一変して、スキャンダラスな噂に押しつぶされ、浄土宗の独立などありえなかったかもしれません。法然は実に優れた仏者で、そんなことはとうに承知の上で、浄土宗独立の責任から、あえて「一心金剛の戒師」として生きたのだと思われます。

次の第七首目、第八首目の和讃は、次のように詠われます。

七　源空存在せしときに
　　金色の光明はなたしむ
　　禅定博陸まのあたり
　　拝見せしめたまいけり

八　本師源空の本地をば
　　世俗のひとびとあいつたえ
　　綽和尚と称せしめ
　　あるいは善導としめしけり

（『真宗聖典』四九八頁）

先の和讃は九条兼実を褒めた和讃ですが、『源空聖人私日記』には次のように記されています。

月輪の禅定殿下兼実 御法名圓照 帰依甚深なり。或る日、聖人月輪殿に参上、退出の時、地より上高く蓮華を踏みて歩みたまう。頭光赫奕たり。凡そは勢至菩薩の化身なりと。

(『真宗聖教全書』四・一六一頁)

この記事は『拾遺古徳伝』にも収録されていますが、そこでは次のように述べられています。「ある日、法然聖人が月輪殿に行って、浄土の法門についてお話をし、退出するときのことです。いきなり兼実が庭に崩れ降りて稽首礼拝し、しばらくして簫然として起き上がって、驚きを次のように言いました。みなさん見ましたか。聖人は地上高く蓮華を踏みながら歩んでおられました。その頭上には金色の円光が輝いていました、と。ところが傍にいた戒心房(右京の太夫入道隆信)と本蓮房(中納言阿闍梨尋玄)の二人は、見なかったと答えます。さすがに兼実は法然に帰依して長いとはいえ、ますます聖人を仏と見抜き、仰いでおられたのでしょう」(『真宗聖教全書』三・七三六頁取意)と、伝えられています。親鸞は、それをもとに和讃に詠ったのであると思われます。

第八首目は、世俗の人々が法然を、道綽と善導の生まれ変わりであると褒めていると、詠われています。伝記ではそれらの記事は、散見されます。『源空聖人私日記』では、「法然が専修念仏を日本で弘めなければならないと思いながら、ついうとうと寝入ってしまったとき、半金色の善導の夢を見た。善導は、この日本で称名念仏を弘めなさい。そのために私、善導はここに来たのである」（『真宗聖教全書』四・一五八〜一五九頁取意）と伝えられますから、法然は善導の生まれ変わりとして浄土門の独立とその弘通にいのちを尽くしたと、誰もが尊敬したのです。

『拾遺古徳伝』では、法然が浄土宗を建立したのは、日本の八宗によるのではなくて、偏に善導一師に依ることが述べられて、次のように言われます。

まさにしるべし、唐家には導和尚、和国に空聖人、それ浄土宗の元祖なり。おおよそ聖人在世のあいだ、諸人霊夢これおおし、あるひとは聖人釈迦如来なりとみる、あるひとは聖人弥陀如来なりとみる、（中略）あるひとは聖人道綽禅師なりとみる、あるひとは善導大師なりとみる、

（『真宗聖教全書』三・七三五〜七三六頁、中略筆者）

と伝えられていますから、道綽・善導によって浄土宗を独立させた法然を、親鸞はこよなく尊敬したのです。

道綽・善導は『観経』によって、凡夫の自覚を明確にした仏者です。「智慧第一の法然房」と尊敬

を集めますが、自らは「愚痴の法然房」と名乗って、生涯凡夫の自覚を貫きます。法然の講義は、すべて道綽と善導の講義で尽くされており、その核心は何といっても自力無効の自覚です。吉水の教化でも言うまでもありませんが、それは大原問答でも、法難のときでも、勢観房に遺した『一枚起請文』に至るまで一貫しています。

この自力無効の自覚が、聖道門とは決定的に違うところです。法然を批判する明恵も、その一点がわからなかったのでしょう、『摧邪輪』では、善導の三心釈についてはほとんど触れないのです。ですから親鸞は『教行信証』「信巻」で、善導の三心釈を丁寧に引用し、二種深信を明確に示そうとしています。

その際、親鸞は『大経』に立って善導の三心釈を読み替えています。特徴的な読み替えは、「須《すべか》らく〜すべし」と読むべき「須」の字を、すべて「須《もち》いる」と読んで、法蔵菩薩の真実心を「須いる」(『真宗聖典』二一五頁)という意味に使うことです。つまり『大経』の法蔵菩薩の真実のほうから、人間の自力の愚かさを見返しているのです。それにはいくつかの理由が考えられますが、自力を尽くして頑張れば、やがて自力無効がわかるであろうという、聖道門の理想主義を破るためです。

それだけではありません。人間はすべて理想主義ですから、法然門下の高弟たちも「一心金剛の戒師」として、法然のような立派な僧侶にならなければならないという理想主義が、破れなかったのです。聖道門のような第十九願の自力に対しても、浄土門の中の第二十願の自力に対しても、その自力の理想主義を破るためであると思われます。要するに、法蔵菩薩の真実に遇って初めて理想主義が破られて自力無効が決定されるのであって、自力無効を目標や理想にするのではありません。ですから親鸞は法蔵菩薩の真実のほうから、三心釈を読み替えるのでしょう。

九　源空勢至と示現し
　　あるいは弥陀と顕現す
　　上皇群臣尊敬し
　　京夷庶民欽仰す
十　承久の太上法皇は
　　本師源空を帰敬しき
　　釈門儒林みなともに
　　ひとしく真宗に悟入せり

（『真宗聖典』四九八〜四九九頁）

さて、この第九首目と第十首目の和讃は、それほど説明する必要もないでしょう。法然は、阿弥陀如来の一乗の覚りに立って教化をした方ですから、先の『恵信尼消息』ではそれが「善き人にも悪しきにも、同じように、生死出ずべきみちをば、ただ一筋に仰せられ候いし」（『真宗聖典』六一六頁、傍線筆者）と伝えられていました。世間ではありえない平等を生きておられた方、それが世を超えた人に遇った弟子としての眼差しではないでしょうか。それは世間の常識とは、一線を画しています。人間の世にはないことを教えているのですから、教化されたほうは、阿弥陀如来や勢至菩薩の教化を受けたと讃嘆するか、照らされた凡夫の身を懺悔するか、体験的に言えば「讃嘆」と「懺悔」しかありません。

第九首目はその教化が、後白河上皇・高倉上皇・後鳥羽上皇や公家や大臣、京都や田舎の庶民に至るまで、広く行き渡っていたことが讃えられます。なぜならそこに聖道の仏道とは違って、「弘願の一乗」が歴史的な事実となって具現化しているからです。それこそが浄土教が、大乗仏教である証拠なのです。

一例を挙げれば、『口伝鈔』に、次のようなことが伝えられています。鎮西の聖光房が国元にいるときに、「都に智慧第一と称する法然房がいる。彼に遇って議論に勝てば自分の弟子にする、反対に負ければ弟子になる」と意気揚々と上洛し、法然の弟子になったことが記されています（『真宗聖典』六五九頁）。今のようなマスコミも発達していないころですから、大原問答などが口伝えで、九州の熊本にまで広まっていたことがよくわかります。

それは単なる世間的な名声を言っているのではなくて、真実は、時や場所や貴賤を超えて、必ず人間の生活の中で歴史的な事実となって結実するのです。親鸞は法然こそ、その真実を体現した方であったと褒めているのです。

最後の第十首目の和讃ですが、「承久の太上法皇を初めとして、諸寺の僧侶たちや俗世の学者たちはみな法然の教えによって、真宗に帰依した」と、詠われます。「承久の太上法皇」とは、持名院守貞親王（後高倉院）のことで後堀河天皇の父であった人ですから、「太上法皇」と言うのです。ここでは先の和讃の「上皇群臣」や「庶民」ではなくて、法皇と僧侶や世間の学者が挙げられますから、インテリたちもすべて法然に帰依したことが詠われます。これも「弘願の一乗」を詠う和讃です。

2、浄土真宗とは何か

ここまで拝読してきてお気づきでしょうが、親鸞は源空和讃二十首を詠うときはすべて「真宗」という言葉を使います。法然自身は『選択集』で「浄土宗」（『真宗聖教全書』一・九三〇頁）と言いますが、親鸞はそれをあえて「真宗」と言っています。それを挙げますと、第二首目「浄土真宗をひらきつつ」、第三首目「いかでか真宗をさとらまし」、第十首目「ひとしく真宗に悟入せり」と、これだけ「真宗」が出てきます。

さらに言えば、この二十首の和讃の中に法然の仏道了解である「念仏往生」・「往生浄土」という言葉は一度も出てきません。それは「正信偈」と軌を一にしていて、そこでは念仏往生を一度も出さずに、仏道を大般涅槃道（涅槃へ至って仏に成る道）として表しています。ですから源空和讃でも「念仏往生」ではなくて、「弘願の一乗」（本願による涅槃の平等）という言葉とその具体性が挙げられて、一切衆生が必ず仏に成ると詠われるのです。

先に「弘願の一乗」の具体性に言及しましたが、それもここで挙げておきましょう。第一首目「弘願の一乗ひろめつつ」、第三首目「片州濁世のともがらは　いかでか真宗をさとらまし」、第六首目「聖道諸宗の師主も　みなもろともに帰せしめて」、第九首目「上皇群臣尊敬し　京夷庶民欽仰す」、第十首目「承久の太上法皇は　本師源空を帰敬しき　釈門儒林みなともに　ひとしく真宗に悟入せり」、第十三首目「賢哲愚夫もえらばれず　豪貴鄙賤もへだてなし」、第十九首目「道俗男女預参し卿上雲客群集す」とこれだけ挙げることができますが、ほぼ全編に詠われていることがわかります。このように上皇から庶民に至るまでの、すべての人が、凡夫のまま必ず仏に成ると詠われるのが、源空和讃です。

そもそもこの「真宗」という言葉は、親鸞が、法照の『浄土五会念仏略法事儀讃』の中の「念仏成仏はこれ真宗なり」（『真宗聖典』一七九頁）から取ったと言われています。この法照の言葉は『教行信証』では「行巻」の中国十師を引文するときの総相、つまり、善導の後の中国の仏教者を十人挙げるのですが、そのときの全体を代表する言葉として引文されます。この中国十師の引文は長くてわかりにくいのですが、従来、親鸞が善導の教学を助顕（補足）するために設けた箇所として了解されてきました。しかしよく読むとそうではないと思われます。

親鸞が『大経』に立って、善導の六字釈を本願の名号解釈に読み替えた後に、中国十師が引文されます。この読み替えを、今問題にしている往生と成仏という視点で見ますと、善導の六字釈は『観経』によって「この義をもってのゆえに、必ず往生を得」(『真宗聖典』一七六頁)と、南無阿弥陀仏に実現する仏道を往生浄土と表しています。ところが親鸞は、『大経』の本願成就文によって「「必得往生」と言うは、不退の位に至ることを獲ることを彰すなり」(『真宗聖典』一七八頁)と、六字釈の「必得往生」は、本願成就文の「不退転」を獲得することであると読み直しています。不退転とは、大涅槃の覚りに包まれて必ず仏に成ることが確定した位ですから、親鸞が『観経』の往生を、『大経』によって成仏に読み替えているところです。その親鸞の名号解釈の後に「念仏成仏はこれ真宗なり」という言葉を総相にして、中国十師が引用されるのですから、この箇所は「後善導」の中に善導の真意である成仏を説いている引文を集めているところだと思われます。

このように『観経』の念仏往生を、『大経』の成仏道に読み替えることが親鸞の著作の特徴ですが、法然との関係で最も大切だと思われる文章を見てみましょう。親鸞は「行巻」で『選択集』から、表題と総結三選の文を一文だけ引用します。

『選択本願念仏集』　源空集　に云わく、南無阿弥陀仏　往生の業は念仏を本とす、と。

また云わく、それ速やかに生死を離れんと欲わば、二種の勝法の中に、しばらく聖道門を閣きて、選びて浄土門に入れ。浄土門に入らんと欲わば、正雑二行の中に、しばらくもろもろの雑行を抛ちて、選びて正行に帰すべし。正行を修せんと欲わば、正助二業の中に、なお助業を傍にして、選びて正定を専らすべし。正定の業とは、すなわちこれ仏の名を称するなり。称名は必ず生まるることを得、仏の本願に依るがゆえに、と。已上
（『真宗聖典』一八九頁）

この表題の引文でわかるように、「南無阿弥陀仏　往生の業は念仏を本とす」とありますから、法然の『選択集』は『観経』によって衆生に実現する仏道を念仏往生と表して、それを旗印にして浄土宗を独立させたのです。総結三選の文でも、それを確かめて「正定の業とは、すなわちこれ仏の名を称するなり。称名は必ず生まるることを得、仏の本願に依るがゆえに」と、阿弥陀如来の本願力による往生浄土で結ばれます。

ところが親鸞は、この文を御自釈で次のように受けています。それを引用してみましょう。

明らかに知りぬ、これ凡聖自力の行にあらず。かるがゆえに不回向の行と名づくるなり。大小の聖人・重軽の悪人、みな同じく斉しく選択の大宝海に帰して、念仏成仏すべし。
（同前）

法然の説く往生浄土の仏道は『大経』の本願力による往生なのだから、その行である称名念仏は、

衆生の自力をまじえない「不回向の行」であると言います。『大経』では四十八の本願を説いて「本願力回向」と説きますが、『観経』には阿弥陀の本願が説かれていませんので、衆生のほうからは「不回向の行」としか言えないのです。

ここまでは、法然の仏道了解に則しながら述べるのですが、それを受けて「大小の聖人・重軽の悪人、みな同じく斉しく選択の大宝海に帰して、念仏成仏すべし」と結論づけます。この「念仏成仏」に、親鸞の受け止めが凝集的に記されています。要するに親鸞は、法然の念仏往生を、選択本願による成仏道として受け止めたのです。その理由は次のように考えられます。

釈尊の説いた仏教は、一切衆生が必ず仏に成る道が説かれています。どの宗派であろうが、仏道といえば衆生が仏に成る道と了解するのが常識です。ところが法然は、その成仏を踏まえて凡夫を救うのは往生浄土の道であると、成仏までの道程を念仏往生として掲げたのです。

それは回心によって「大小の聖人・重軽の悪人、みな同じく斉しく選択の大宝海（大涅槃の覚り）に帰し」たとしても、煩悩の身まで消えるわけではありません。ですから親鸞は「念仏成仏すべし」と、必ず仏に成るべき身になったと言うのです。要するに、一心帰命の回心から、一心願生の念仏往生の生活が始まるのです。つまり、この身の煩悩を超えたいという志願を、命終わるまで生きていくことになります。願生浄土の歩みは、煩悩を持つ衆生がその煩悩を超えて、人間以上の仏に成ろうとする歩みです。そこにいま世界中で問題になっている、各種の対立や殺し合いを超えていく道があるのです。その道程こそが、煩悩の身を救うという実際的な意味があるわけですから、法然はそれを『観経』に則して、念仏往生と説いたのです。

ところが浄土教は、死後の往生と成仏を説くと、聖道門から誤解を受けることになります。親鸞はその誤解を解くために、信心の今に本願力による成仏が決定するから、往生浄土の仏道が凡夫の救いになると、成仏のほうを前面に出したのです。その意味から言えば、法然の説く念仏往生を釈尊の成仏道に戻して、それを「浄土真宗」と名乗ったと言うことができます。

今述べたように、念仏往生が決定されるのは、「選択の大宝海に帰」することが大前提です。親鸞はそれを次のように述べています。

真実功徳ともうすは、名号なり。一実真如の妙理、円満せるがゆえに、大宝海にたとえたまうなり。一実真如ともうすは、無上大涅槃なり。(中略)宝海ともうすは、よろずの衆生をきらわず、さわりなく、へだてず、みちびきたまうを、大海のみずのへだてなきにたとえたまえるなり。

(『真宗聖典』五四三頁、中略筆者)

この文は、次のような意味です。「本願の名号は、真実のはたらきそのものです。名号には、世間の相対分別を超えた一如の真理が円満しているので、大きな宝の海に譬えるのです。一如の真理とは、如来の大涅槃の覚りのことです。この宝海は、一切衆生を、きらわずに、どんな人も障りなく隔てずに包んで、成仏にまで導いてくださるから、大きな海が一切を受け入れるという意味で、大海に譬えるのです」。

このように大涅槃の覚りに包まれて、成仏道が決定されます。親鸞は同じことを「正信偈」では、「惑染の凡夫、信心を発すれば、生死即涅槃なりと証知せしむ」（『真宗聖典』二〇六頁）と詠います。この「生死即涅槃なりと証知せしむ」とは、聖道門ならば覚りを悟ると言うのでしょう。ところが浄土門はそれと同じ事態であっても、煩悩の身を外さないので、悟るとは言わないのです。煩悩の身のままで如来の大涅槃の覚りに包まれたと、他力の信心が感得するのです。ですからその大涅槃を、大きな宝の海に譬えているのです。

それを正定聚の位につくと言います。この大涅槃の覚りに包まれることがなければ、正定聚といっても何の確信もない夢に終わります。名号に帰して大涅槃に包まれたという確信が、生涯を大涅槃に至る道程として確立するのです。法然はその道程を念仏往生として明らかにしたのです。人間の理想主義は、浄土に往生しその結果として仏に成ると考えますが、親鸞はそんな観念的な仏道を主張しているのではありません。親鸞の言葉を、もう一つ聞いてみましょう。

「回心」というは、自力の心をひるがえし、すつるをいうなり。（中略）自力のこころをすつというは、ようよう、さまざまの、大小聖人、善悪凡夫の、みずからがみをよしとおもうこころをすて、みをたのまず、あしきこころをかえりみず、ひとすじに、具縛の凡愚、屠沽の下類、無碍光仏の不可思議の本願、広大智慧の名号を信楽すれば、煩悩を具足しながら、無上大涅槃にいたるなり。

(『真宗聖典』五五二頁、中略筆者)

「回心とは、自力の心を翻し捨てることです。自力を捨てるといっても、なにも自力に生きることが変わるのではありません。一切衆生が優越感と劣等感の比べることを超えた一如の世界に包まれて(正定聚に立って)、名号を信ずれば、その本願力によって煩悩の身のままで無上大涅槃に至って必ず仏に成るのです」。

この言葉を正直に聞けば、本願の名号によって大涅槃の覚りに包まれて(正定聚)、凡夫のままで大涅槃への道が決定すると述べられています。この大涅槃への道程を『観経』に立った法然は、聖道門の仏道と区別するために、「念仏往生」と顕揚したのです。

親鸞は、浄土往生してから浄土で仏に成るという常識的な浄土教理解を覆して、仏に成るという確信のほうが先だと言っているのです。なぜなら目的地が決まらなければ、その道筋が決まる道理はないからです。しかしそれは親鸞個人の意見ではなくて、『大経』下巻冒頭の本願成就文がその順番で説かれています。

衆生往生を説く本願成就文では、まず第十一・必至滅度の願成就文が説かれます。次に第十七・諸仏称名の願成就文が説かれています。最後に第十八・至心信楽の願成就文が説かれ、要を取って言えば、最初に必ず仏に成る正定聚が説かれ、次に善知識が名号を讃嘆していることが説かれ、最後にその名号を信じる本願の信心に浄土が感得されると説かれています。我々の常識では、まず善知識に本願の名号を教えられ、それを信じる信心によって、必ず仏に成ると、考えます。しかし釈尊の『大経』の説法は、正定聚に立つという第十一願成就文が先だと教えています。要するに、必ず仏に成るということが決定しなければ、難思議往生という道程が決まらないのです。逆に言えば、群萌に実現する難思議往生は、果の大涅槃から出発する仏道ですから、凡夫であっても因の信心に仏に成ることが必然するのです。ですから親鸞は、真仏弟子釈の結釈で、

念仏衆生は、横超の金剛心を窮むるがゆえに、臨終一念の夕、大般涅槃を超証す。
（『真宗聖典』二五〇頁）

と、その確信を述べているのです。

親鸞は『大経』に立ちこれまで述べたような理由によって、法然の念仏往生を成仏道（大般涅槃道）へ戻して、それを「浄土真宗」という名乗りに託して表明したのだと思われます。それは『大経』の

教説によることはもちろんですが、それを直接教えたのは師の法然であると讃えます。それが第十一首目と第十二首目の和讃になります。

四、『選択集』の核心を表す文

1、大涅槃へ能入する信心

さてその和讃を、拝読してみましょう。

十一　諸仏方便ときいたり
　　　源空ひじりとしめしつつ
　　　無上の信心おしえてぞ
　　　涅槃のかどをばひらきける

十二　真の知識にあうことは
　　　かたきがなかになおかたし
　　　流転輪回のきわなきは

疑情のさわりにしくぞなき

（『真宗聖典』四九九頁）

まずこの和讃の意味を述べておきましょう。第十一首目は「諸仏が方便の教えを説き、衆生を救済する時期が到来して、源空聖人として現れて、他力無上の信心を教え、大涅槃の覚りに入る（成仏道）門戸を開かれました」。第十二首目は「弥陀の本願を教える真の善知識に遇うことは実に難しいことです。限りなく生死に埋没して流転する原因は、本願を疑う心こそ最も大きな障害です」。源空和讃は二十首ありますが、この和讃だけが『選択集』からの引文を、歌にしたものです。これは「正信偈」にも次のように詠われています。

本師・源空は、仏教に明らかにして、　善悪の凡夫人を憐愍せしむ。
真宗の教証、片州に興す。　選択本願悪世に弘む。
生死輪転の家に還来ることは、　決するに疑情をもって所止とす。
速やかに寂静無為の楽に入ることは、　必ず信心をもって能入とす、といえり。

（『真宗聖典』二〇七頁）

「師の源空聖人は、ひとえに仏教に明らかで、善悪に悩む凡夫を哀れみ、選択本願の教えを日本の片州濁世に弘めて、上皇から庶民に至るまでのたくさんの人が救われました。生死流転の迷いに埋没するのは、決定的に本願力を疑う心に由っています。速やかに大涅槃の覚りの楽に入ることは、他力の信心によって必ず可能となるのです」。「正信偈」の源空讃は、たったこれだけしか詠われていませんから、和讃で言えばこの第十一と第十二首目の和讃が、『選択集』の核心を表していることになります。

『教行信証』の「行巻」は法然の『選択集』のお仕事をまとめているわけですから、総結三選の文がふさわしいと思われます。ところが「正信偈」と『高僧和讃』では総結三選の文ではなくて、『選択集』の三心章にある次の文だけを歌にしているのです。

次に深心とは、いわく深信の心なり。まさに知るべし、生死の家には疑を以て所止となし、涅槃の城には信を以て能入となす。かるがゆえに今二種の信心を建立して、九品の往生を決定するものなり。

（『真宗聖教全書』一・九六七頁）

これは善導の三心釈の二種深信の文を、法然が『選択集』の私釈で読み替えた文章です。もともとの善導の二種深信の文は、その前に法然が引文していますが、以下のように述べられています。

二つには深心。深心と言うは、即ちこれ深信の心なり。また二種あり。一つには、決定して深く自身は現にこれ罪悪生死の凡夫、曠劫より已来、常に没し常に流転して、出離の縁あることなしと信ず。二つには、決定して深く、かの阿弥陀仏の四十八願は、衆生を摂受して、疑いなく慮りなく、かの願力に乗じて、定んで往生を得と信ず。

（『真宗聖教全書』一・九五九頁）

この二つの文を見比べるとわかるように、「『観経』で深心と言われるのは、深く信じる心である」というところまでは善導の原文と同じです。ところがその後、「わが身は現に罪悪生死の凡夫であり、永遠の過去から未来に至るまで、出離の縁のない者であることが決定した」という機の深信を、法然は「生死の家には疑を以て所止となし」と読み替えています。さらに「『大経』に説かれる四十八願は、一切衆生を摂め取っているので、疑いなく慮りなくその願力に乗託して、決定的に往生の人生を得る」という法の深信を、法然は「涅槃の城には信を以て能入となす」と読み替えるのです。

そもそもこの三心釈は『観経』でも重要な箇所で、自力無効を決定して『大経』の本願の世界に開眼させるところです。特に二種深信は、善導が自力から他力への転回点を説くという意味で、最も大切なところです。その機の深信を、法然は「本願を疑う自力の心」、つまり『大経』の言葉で言えば「仏智疑惑」に収斂させています。さらに『大経』の四十八願による往生を、法然は、往生という言葉ではなく、「涅槃の城」と表します。善導は『観経』によって、凡夫の自覚（機の深信）と本願力による往生（法の深信）を説いているにもかかわらず、法然は衆生の「仏智疑惑」と「大涅槃」というように、『大経』の教説に則して読み替えているのです。要するに法然は、「本願を疑う心によって生死の迷いにとどまるのですが、その凡夫のままで、他力の信心によって大涅槃への道（成仏道）に入ることができる」と言っているのです。

源信和讃のところで述べましたが、善導は一向専修の行についての規定を明確にして、機についてはこの二種深信以上のことに立ち入って述べていません。ところが源信は、その機の推究を一歩進めて、称名念仏する衆生のほうの自力性に着目しました。つまり、一心不乱にまじめに念仏しても、その全体が自力から逃れることができないという、第二十願の仏智疑惑の機にまで到達していました。しかもその自力性は衆生の反省では届かない深い問題です。その凡夫の身がそのまま救われる感動を源信は、「我またかの摂取の中にあれども、煩悩眼を障えて見たてまつるにあたわずといえども、大悲倦きことなくして常にわが身を照らしたまう」（『真宗聖典』二二二～二二三頁）と、表明していました。

道綽・善導から本格的に始まる機の問題が、源信によって仏智疑惑という到達点に着地します。その機の推究の歴史をすべて統摂して、法然は「生死の家には疑を以て所止となし」と言うのです。しかもその仏智疑惑の衆生が丸ごと救われるという源信の信心を「涅槃の城には信を以て能入となす」という言葉で、『大涅槃に能入する『大経』の信心」であると教えているのです。

『選択集』は念仏一つを掲げて浄土門を独立させた宣言書ですから、全編、称名念仏を表に立てています。しかし称名念仏を絶対の行にするのは、本願の信心です。この信心がなければ聖道門の修行と浄土門の念仏とは、相対的な比較の中で、どちらが優れているかという世俗の議論に転落します。おそらく親鸞は『選択集』を書写したときに、いち早くこの箇所に注目して、この箇所を中心に師資相承の議論が展開したのでしょう。『観経』の行に立った師の法然と、『大経』の本願の信心に立った親鸞とが、この文を中心に激論して行信不離の終着点から、浄土宗独立（法然）のためには念仏の法に依らねばならないこと、念仏によって凡夫が救われる本願の道理（親鸞）は信心によらねばならないことが、確認されたのであろうと推測されます。この師資相承を通して、師弟の役割と責任とが、改めて明確にされたのでしょう。

『観経』は親鸞が言うように、第十九願と第十八願との関係を説いて、『大経』の本願力に目覚めさせるための要門の経典です。つまり第十九願の自力から第十八願の他力へという、回心が目標に説かれています。それに対して『阿弥陀経』は、回心から始まる往生の念仏生活において、衆生の意識を超えた深い自力性が、如来のほうから第二十願の仏智疑惑の衆生として顕わにされるのです。この仏智疑惑の衆生をどう救うのかが、『大経』の最終課題です。仏智疑惑の衆生を丸ごと果遂して群萌の仏道を完成させるのが『大経』です。ですから、第二十願の機を第十八願の本願力によって丸ごと救って、『大経』が完成するのです。この第二十願の仏智疑惑の衆生と、第十八願の如来大悲との交際にまで到達していたのが源信です。

要するに『観経』では、第二十願の仏智疑惑までは問題にできないのです。これを問題にできるのは「大涅槃を証することは、願力の回向に藉りてなり」（『真宗聖典』二九八頁）という、大涅槃からの回向の信心の智慧による外はありません。法然の二種深信を読み替えたこの文章は、善導・源信の機の課題を受けて、仏智疑惑までの衆生を丸ごと救うのは、大涅槃へ能入する『大経』の回向の信心しかないことを教えているのです。法然は道綽・善導の教学を継承していますが、それ一辺倒ではなくて、源信までの機の課題を受けて、『大経』の信心による浄土教の完成を示しているのです。親鸞が瞠目の思いをもって、生涯の師と感佩した理由もここにあると思われます。

2、能入の信心の系譜

法然は、我々が生死を離れることができないのは、阿弥陀如来の本願を疑う衆生の仏智疑惑の本性によるからであり（「化身土巻」の「三経一異の問答」・三願転入の課題とする）、この凡夫の目覚めを内に包んで丸ごと救う他力の信心は、大涅槃に通入している（「信巻」の「三心一心問答」の課題とする）『大経』の信心であると明確に掲げたのでした。善導・源信の機の課題を踏まえて、衆生の反省を超えた『大経』の信心の澄明さを言い当てた、見事な了解ではないでしょうか。

ここで法然が言う「信を以て能入となす」は、もとは『大智度論』に出てくる「仏法の大海は、信を能入とす」（『大正大蔵経』二五・六三頁上段）という言葉です。これは「すべての経典が、「如是我聞」や「我聞如是」で始まるのは、この言葉の中に釈尊の教えに対する仏弟子の信頼が表明されているから」という意味です。経典を述べる前提に、仏弟子の信頼があるというわけですから、この信心には特別な意味が託されているわけではありません。普通一般的に使う信という意味です。

ですから『大智度論』では、この言葉が以下のように解説されています。「信がなければ釈尊の仏教は成り立たない。十信・十住・十行・十回向・十地・等覚・妙覚と、菩薩の五十二位として説かれる菩薩道も十信の信心から始まる。また十信に至らない未入位の者であっても、信は仏道のすべてを成り立たせるための出発点であり、仏道の大前提である」（同前取意）。

なぜなら、釈尊への信頼がなければ、修行することもないからです。このように『大智度論』では、仏道の前提としての信心として説かれています。さらにその意味を補強するために、「信心は手のようなものである」と解説されて、法の宝を掴むことができる手段であると説かれます（同前）。このように、信がなければそもそも仏教は始まらないということと、信心こそ仏果に至るための大前提であると捉えられているのです。

ところが曇鸞は、『大智度論』の「信を能入とす」という文を、『論註』巻末の、覈求其本釈、三願的証、他力釈のすべての註釈が終わった最後に引用するのです。そこには次のように記されています。

無量寿修多羅憂婆提舎願偈略して義を解し竟んぬ。経の始めに如是と称す、信を彰して能入となす。末に奉行と言うことは、服膺の事を表し已りぬ。論の初めに帰礼することは、宗旨、由あることを明かす。終わりに義竟と云うは、所詮の理を示し畢りぬ。述作の人、殊にここにおいて例を成すと。

（『真宗聖教全書』一・三四八頁）

と記されます。「これで、無量寿経憂婆提舎願生偈の註釈を終わりました。経典の始めに「如是我聞」と言うのは、信によって仏法の大海に入ることです。その終わりに奉行と言うのは、その教えをよく身に着けたということです。それと同じように『浄土論』も、最初に「世尊我一心」と釈尊の『大無量寿経』に帰礼し、最後に「義竟」と経典の覚りを表し終わるのです。経典と論とは作った人は違っても、それが一つとして受け止められた、よい例です」という意味です。

最初の『大智度論』の言葉は、意味の上では大したことを言っていないようですが、『論註』の註釈がすべて終わった後に、引文されていることに重要な意味があります。『論註』はご存じのように「謹んで龍樹菩薩の『十住毘婆沙』を案ずるに」（『真宗聖教全書』一・二七九頁）という言葉で始まります。その註釈が終わった最後にまた龍樹の『大智度論』が引文されます。『論註』本文では、龍樹の他力易行の信心は本願力回向の信心であって、その信心によって大涅槃の覚りに包まれることを証明しています。

曇鸞はそれを証明し終わった後に『大智度論』の文を引くということは、先に述べた一般的な信の意味を換骨奪胎して、我々の上に彰われてくる他力の一心と捉え直しているのです。つまり一般の大乗仏教で言われるような前提としての信心ではなく、龍樹以来伝統されている本願の信心、すなわち信心が大涅槃に通入し、そこに仏道のすべてが実現してくるような他力の信心と捉え直しているのです。

このように『大智度論』から『論註』へという思想史の中で、「信を彰して能入となす」という文は、自力から他力への転回を表す重要な文章です。この重要な文を、法然は『選択集』三心章の深心釈に持ってきて、善導の二種深信こそ、涅槃に能入する他力の信心であると説いているのです。

このように見てきてわかるように、法然の「生死の家には疑を以て所止となし」のほうは、『観経』による機の推究を統摂した言葉であり、「涅槃の城には信を以て能入となす」のほうは、龍樹・曇鸞・法然の系譜を持つ『大経』の本願力回向の信心であることがわかります。

3、「三心一心問答」と「三経一異の問答」の能入の信

法然が教えたように、「涅槃の真因はただ信心をもってす」（『真宗聖典』二二三頁）を証明したのが、親鸞の「三心一心問答」です。この問答の前にはすでに述べたように、源信の『往生要集』が二文引用されていました。一つは『入法界品』の文で、菩提心そのものが仏道の道になる、つまり本願の金

剛心には涅槃の覚りが現来するという引文でした。もう一つは「大悲無倦」の文です。
この仏智疑惑の衆生に、第十八願の「至心・信楽・欲生」の本願の三心が、どのように大涅槃を開くのかが問題にされます。それは信楽釈で一応の決着を見ます。要するに、如来の本願の信楽が衆生の信心にまでなって、凡夫を如来の大涅槃に包むと決定されます。その信楽釈の結釈が、『論註』の文で結ばれます。

『論註』に曰わく、「如実修行相応」と名づく。このゆえに論主建めに「我一心」と言えり。已上
また言わく、経の始めに「如是」と称することは、信を彰して能入とす。已上

（『真宗聖典』二三二頁）

まず、「なぜ凡夫が涅槃の覚りに包まれるかと言えば、法蔵菩薩の如実修行のご苦労に依るからである。だから世親がまず建に、如来回向の信心を「我一心」と表明している」と述べられます。その次に『論註』の最後の『大智度論』の文を引用しますが、この文が、法然が大涅槃へ能入する信心を教えた文なのです。このように、凡夫に大涅槃が開かれる理由が、源信の文と法然の「能入の信」の文の二つに、挟まれているのです。
この「三心一心問答」と同じように、「三経一異の問答」も源信の文で始まっていました。これを

受けて親鸞は、「第十八願は別願中の別願だから、報土に生まれる者は少ない。『観経』の定散諸機は極重の悪人として念仏せよと勧められている。濁世の道俗、善く自ら己が能を思慮せよ」（『真宗聖典』三三一頁取意）と教誡してから、「三経一異の問答」が始まります。その後『大経』と『観経』、さらに『大経』と『阿弥陀経』との一異が論じられて、その結釈が次のように結ばれます。

三経の大綱、顕彰隠密の義ありといえども、信心を彰して能入とす。かるがゆえに『経』の始めに「如是」と称す。「如是」の義はすなわち善く信ずる相なり。いま三経を案ずるに、みなもって金剛の真心を最要とせり。真心すなわちこれ大信心なり。大信心は希有・最勝・真妙・清浄なり。何をもってのゆえに、大信心海ははなはだもって入りがたし、仏力より発起するがゆえに。真実の楽邦ははなはだもって往き易し、願力に藉ってすなわち生ずるがゆえなり。いま将に一心一異の義を談ぜんとす。当にこの意なるべし。三経一心の義、答え竟りぬ。

（『真宗聖典』三四五〜三四六頁）

この文の意味は次のようです。「三経には、表向きの顕の意味と、隠された彰隠密の意味がありますが、究極的には大涅槃へ能入する他力の信心が説かれています。ですから経典の始めに「如是」と説かれるのです。「如是」とは善く信じる姿です。今三経を案ずるに、すべての経で金剛の真実信心を最も重要としています。金剛の信心は如来回向の大信心です。それは、希有・最勝・真妙・清浄です。どうしてかというと、大信心海は、仏力より発起しているために、煩悩に穢れた衆生は入れないからです。しかしそこには、本願力に藉って、往き易く生れ易いのです。今この他力の一心と自力の一心の違いを論じてきたのは、このような理由に依るからです。三経一心の義を、ここに答え終わりました」。

この「三経一異の問答」も、親鸞の思索の全体が、源信の『往生要集』の文と法然の能入の信の文に、挟まれているのです。このように見てきてわかるように、親鸞の己証である「三心一心問答」と「三経一異の問答」のどちらもが、源信の鋭い機の推究の文に始まり、法然の能入の信の文で終わります。法然の教えた信心が大涅槃を開くということと、そこに立って三経の一異を論じて、親鸞の三三の法門が完成するのです。今一度それを掲げておきましょう。

第十九・修諸功徳の願—邪定聚の機—『観無量寿経』—要門—双樹林下往生
第二十・植諸徳本の願—不定聚の機—『阿弥陀経』—真門—難思往生
第十八・至心信楽の願—正定聚の機—『大無量寿経』—弘願門—難思議往生

『教行信証』の親鸞独自の了解が完成するためには、源信の機の考察は言うに及ばず、法然の能入の信の教えがいかに大きかったかを思います。

五、法然の臨終にまつわる和讃

さて、それでは第十三首目から、最後の第二十首目の和讃を拝読しましょう。ここは師法然の徳を改めて褒めるのですが、特に晩年の物語や、臨終の瑞相が和讃されています。

十三　源空光明はなたしめ
　　　門徒につねにみせしめき
　　　賢哲愚夫もえらばれず
　　　豪貴鄙賤もへだてなし

十四　命終その期ちかづきて
　　　本師源空のたまわく
　　　往生みたびになりぬるに
　　　このたびことにとげやすし

十五　源空みずからのたまわく

霊山会上にありしとき
声聞僧にまじわりて
頭陀を行じて化度せしむ

十六　粟散片州に誕生して
念仏宗をひろめしむ
衆生化度のためにとて
この土にたびたびきたらしむ

十七　阿弥陀如来化してこそ
本師源空としめしけれ
化縁すでにつきぬれば
浄土にかえりたまいにき

十八　本師源空のおわりには
光明紫雲のごとくなり
音楽哀婉雅亮にて
異香みぎりに暎芳す

十九　道俗男女預参し

卿上雲客群集す
頭北面西右脇にて
如来涅槃の儀をまもる

二十　本師源空命終時
建暦第二壬申歳
初春下旬第五日
浄土に還帰せしめけり

（『真宗聖典』四九九頁）

最初に、第十三首目の和讃の意味を述べておきましょう。「源空は智慧の光明を放って、門弟たちに常に見せてくださった。智者と愚人また貴人と卑賤との区別なく、皆がその光明を拝見したのです」。すでに述べたことですが、『恵信尼消息』で法然の教化を、「後世の事は、善き人にも悪しきにも、同じように、生死出ずべき道をば、ただ一筋に仰せられ候いし」（『真宗聖典』六一六頁）と伝えていました。これが本物の仏者に遇った人の、素直な感想ではないでしょうか。この「同じように」が、この世にないことですから、法然の教化の姿そのものが、阿弥陀如来の智慧によっているのです。

次の和讃に進みましょう。

十四　命終その期ちかづきて
　本師源空のたまわく
　往生みたびになりぬるに
　このたびことにとげやすし

十五　源空みずからのたまわく
　霊山会上にありしとき
　声聞僧にまじわりて
　頭陀を行じて化度せしむ

十六　粟散片州に誕生して
　念仏宗をひろめしむ
　衆生化度のためにとて
　この土にたびたびきたらしむ

第十四首目の和讃の意味は、「命終の時期が近づいたころ、源空が門弟に次のように告げました。浄土への往生は三度であるが、この度の往生は、特に遂げやすいと」。第十五首目は、「源空が自ら仰せられました。霊鷲山の釈尊の説法の会座に在った時、声聞僧にまじわって頭陀の行を修め、衆生を教化し済度したと」。第十六首目は、「源空はこの小さな日本に生まれて、専修の念仏宗を弘めてくださった。衆生の教化と済度のために、この娑婆にたびたび来現してくださった」。ほぼこのような意味ですが、この三首の和讃は、『西方指南抄』に収録されている記事によって讃詠したものです。そこで、法然は次のように言っています。

また同正月三日戊の時ばかりに、聖人看病の弟子どもにつげてのたまわく、われはもと天竺にありて、声聞僧にまじわりて頭陀を行ぜしみの、この日本にきたりて、天台宗に入て、またこの念仏の法門にあえりとのたまいけり。その時看病の人の中に、ひとりの僧ありて、といたてまつりて申すよう、極楽へは往生したまうべしやと申しければ、答えてのたまわく、われはもと極楽にありしみなれば、さこそはあらんずらめとのたまいけり。

（『真宗聖教全書』四・一三七頁）

和文ですので、その意味は詳しくは述べません。法然は、建暦二年の正月二日から、体調を壊して床に就きます。次の三日に、先のように述べているのです。「釈尊の下で頭陀行を修めてインドで往生し、道綽・善導の生まれ変わりとして中国で往生し、この日本では専修念仏の仏者として往生します。私はもと極楽にあった身ですから、浄土へ往生するのは当然なのです」。法然は死期が近いことを知って、念仏の教えに遇えたのは、ご自身の宿善の有難さによることを、喜んでいる言葉だと思われます。一見、荒唐無稽なことを言っているように聞こえますが、「愚痴の法然房」と名乗って仏法に縁のない凡夫がどうして念仏の教えに遇えたのか、不思議で仕方がないのです。それは遠い過去の宿善のおかげであると、自らの宿善に感謝する他はないのです。この法然の言葉によって詠われた和讃が、この三首の和讃です。最後の和讃に進みましょう。

十七　阿弥陀如来化してこそ
　本師源空としめしけれ
化縁すでにつきぬれば
　浄土にかえりたまいにき

十八　本師源空のおわりには
　光明紫雲のごとくなり
音楽哀婉雅亮にて
　異香みぎりに暎芳す

十九　道俗男女預参し
　卿上雲客群集す
頭北面西右脇にて

如来涅槃の儀をまもる
二十　本師源空命終時
建暦第二壬申歳
初春下旬第五日
浄土に還帰せしめけり

（『真宗聖典』四九九頁）

まず意味を述べておきましょう。第十七首目の和讃は、「阿弥陀如来の応化身として源空は現れて、この世での教化の縁が尽きたので、浄土にお還りになられた」。第十八首目は、「源空のご臨終には、光明が紫の雲のようにたなびき、来迎の音楽が哀れに澄み渡り、輝き香ばしい香りが、あたり一面に漂った」。第十九首目は、「源空のご臨終を聞いて、前もって僧俗男女が参集し、公家や殿上人が群集した。聖人は北を枕に西を向き右脇を下にして、釈尊の入滅のお姿を守って命終された」。最後の第二十首目は、「源空の命終した日時は、建暦二壬申年、正月二十五日に浄土にお還りになったのです」。

法然のご臨終の様子は、『西方指南抄』の「法然聖人臨終行儀」の中に詳しく伝えられ、『源空聖人私日記』等にも伝えられていますが、ここでは『源空聖人私日記』の記事を引文してみましょう。

二十五日午の時ばかりに行儀違わず、念仏の声漸く弱し、見仏の眼眠るがごとし。紫雲空にたなびく、遠近人々来たり集まる、異香室に薫ず。見聞の諸人仰いで信ず。臨終すでに到りて、慈覚大師の九条の袈裟これを懸けて、西方に向かうて唱えて云わく。「一一光明偏照十方世界、念仏衆生摂取不捨と。」云云　亭午の正中なり。（中略）これは正月下旬五日なり。八旬いずれの歳ぞや。釈尊滅を唱えたまう、聖人滅を唱えたまう。彼も八旬なり、これも八旬なり。

（『真宗聖教全書』四・一六二頁）

「二十五日のお昼ごろに、聖人の念仏の声が弱まり、眼は眠るようであった。紫の雲が房舎の上にたなびき、部屋には香ばしい香りが漂って、遠近から人々が集まってきた。見聞した人々は臨終が近いことを疑わなかった。臨終に至って聖人は、慈覚大師の九条袈裟を懸けて、頭北面西右脇に臥して「一一光明偏照十方世界、念仏衆生摂取不捨」と唱えられた。臨終の年は建暦二年一月二十五日で、享年は釈尊と同じ八十歳であった」。

親鸞はこれらの記事によりながら、法然のご臨終を讃詠したのだと思われます。師の法然は、この世の常識では絶対にわからないことを、阿弥陀如来の智慧で教えてくださったのですから、命終われば浄土に還ることは理の当然です。

皆さんには先生がいますか。私を育ててくださった松原祐善先生は、亡くなるまで、「癌はいただいたものです。生きることも死ぬことも、仏様にいただいたものです」と言って、周りの人の手を握って、それぞれに「ありがとう」と言って亡くなっていかれました。家族とはうまくいかないこともあったのですが、それでも手を握り、「ありがとう」と合掌して、亡くなりました。私は先生のご臨終にいただいたことは、何度生まれかわっても忘れないほど感動しました。

先生は骨と皮だけになって、息を引き取られました。その前に私は、布団に横になっておられるのですが、布団から空に向かって大きな光が出ているのです。その前に私は、たとえば戦争や民族の対立等の人間の問題は、先生の他力の信心にそれを突破する糸口があると、考えていたからかもしれませんが、全世界へ光が放たれているようでした。自分でも驚いて何度も見返したのですが、大きな光の帯が空に向かって立ち上っているのです。

法然のご臨終の和讃にも「光明紫雲」や「音楽哀婉雅亮」や「異香みぎりに暎芳す」と詠われますが、これは各種の往生伝でも、「往生のしるし」として記されています。それは実際にそういうことがあるかどうかというよりも、善知識に遇った人、教えに遇った人の感動なのではないでしょうか。この世を超えた教えの感動が、そのまま奇瑞として感得されるのではないかと思います。

松原先生が亡くなった日には、雪がすごく降っていました。夜も遅くなっていましたが、私は革靴でしたので、奥さんがホテルまで先生の長靴を貸してくださいました。奥さんの心遣いも嬉しかったのですが、この長靴を先生が履いていたと思うと、それが嬉しくて仕方がありませんでした。帰って寝るのが勿体ないと思ったのです。先生の長靴を履いて、先生がここを歩いたかもしれないと思って、大野の街を何時間も当てもなくうろうろしました。私は九州の生まれですから雪の道を歩くのが下手で、何度も転びながら、歩いて回りました。雪がおとぎの国みたいに屋根に丸く積もって、そこに月の光が煌々と射しこんで、すがすがしくきれいでした。これで先生は私のような訳のわからないものに苦労して教えなくて済む。なによりも癌の痛さに苦しまなくても済む。この世の仕事を終えられて、先生は浄土に還られた。そんな想いが私の中でぐるぐる回って、悲しいとか寂しいとかを感じる隙もなく、雪空の空気のように澄明なすがすがしさが体中に漲っていました。翌朝もそんな気持ちで先生にお遇いしたからかもしれませんが、先生の床から何本もの大きな光が立ち上っていました。ただ、あまり個人的な体験に引き寄せすぎてもいけないと思いますので、私の話にこだわる必要はないと思います。

親鸞は「恩徳讃」で、

如来大悲の恩徳は
身を粉にしても報ずべし
師主知識の恩徳は
ほねをくだきても謝すべし

（『真宗聖典』五〇五頁）

と詠います。ご自身がいただいた仏道は、師法然の恩徳に極まるのです。その、言葉には尽くし難い甚深無量の恩徳を、法然の臨終に託して、詠ったのであると思います。紙面の都合もあってこれで源空和讃を終わりますが、源空和讃は「弘願の一乗」・「真宗」・「大涅槃」がキーワードです。そして、法然は上皇から凡夫まで、すべての人々の尊敬を受けました。それが先の三つのキーワードの実際面です。それを踏まえて、日本に生まれた釈尊と讃詠して終わっていくのです。

参考文献

『伝灯の聖者』　藤島達朗・野上俊静編、平楽寺書店。
『法然』　田村圓澄著、吉川弘文館。

あとがき

この『高僧和讃講義』第四巻で、七高僧の講義すべてを終わることになる。これは二〇〇九年から二〇一三年までの四年半にわたって大阪教区准堂衆の方々に講義した『高僧和讃』を、全面的に書き直したものである。一度も休まずに講義を聞いてくださった方も多く、その情熱に支えられての講義であった。聴衆の方々に改めて感謝申し上げることである。

また、自分の勉強のためだからと、この長い講義のすべてを文章化してくださった稲垣直来氏には、只々頭が下がるばかりである。氏の情熱に何とか応えなければと思い、老体に鞭打って始めた出版であったが、この四巻目で最後にまでこぎ着けたことになる。ひとえに彼の仏道への情熱に押し出されて、成し遂げられた仕事であった。改めて、感謝申し上げることである。

さて、親鸞が七祖それぞれに託されたお仕事は何であったのか、簡単にまとめておきたい。初祖である龍樹は、大乗仏教の創始者であるから、龍樹のところで浄土真宗のすべてが完成されていることを論証しているのが『教行信証』「行巻」の引文（『真宗聖典』一六一～一六七頁）である。そのためにここは、大乗菩薩道の言葉を駆使しながら、複雑で長い引文になっている。その中で特に大切なのは、信心に仏道のすべてが実現するという、他力易行の信心を明確にしたことである。もう少し言えば、他力の信心に現生不退の「即時入必定」（『真宗聖典』一六六頁）が実現することを明らかにしたのが龍樹のお仕事である。つまり、他力の信心によって空の覚りに包まれて、現生不退が実現し、今ここで必ず仏に成ることが決定されるのである。

世親はその信心を、「世尊我一心　帰命尽十方　無碍光如来　願生安楽国」（『真宗聖典』一三五頁）と表明して、『大無量寿経』に説かれる「帰命」と「願生」の二つの契機で仏道を表した。それは、阿弥陀如来の本願力による「帰命」と「願生」でなければ、大乗菩薩道が完成しないと言っているのである。しかもその根拠が、不虚作住持功徳で「観仏本願力　遇無空過者　能令速満足　功徳大宝海」（『真宗聖典』一三七頁）と詠われて、本願力による信心には、「能令速」と如来のほうから大涅槃の覚りに包まれて、必ず仏に成ることが決定されると説く。ここに龍樹の他力易行の仏道が、『大経』による本願の仏道であることが、明確にされるのである。

しかしそれを明確に見抜いたのは、曇鸞の『浄土論註』である。親鸞の『教行信証』「行巻」には、龍樹に続けて世親の『浄土論』が「我依修多羅」という、発起序から引文されている（『真宗聖典』一六七頁）。それはその前にある龍樹の弥陀章の偈（『真宗聖典』一六六〜一六七頁）を、世親の帰敬序の「世尊我一心」と重ねて見ているから、「我依修多羅」と続けたのである。曇鸞の『論註』の引文（『真宗聖典』一六七〜一七一頁）は、二道釈・帰敬序・発起序と、そのすべてを受けての註釈であることから、龍樹・世親を一つと見たのは曇鸞であると、親鸞は上二祖を決定した功を『論註』に譲るのである。

そもそも七祖で初めて、南無阿弥陀仏による機の自覚を明確にしたのは曇鸞である。讃嘆門釈の三不信がそれであるが、そこから逆に読めば、龍樹の二道釈も自力から他力への転回点と読める。世親が『大経』の本願力によらなければ大乗菩薩道が全うしないと説くのも、人間には自利利他がわからないという決定的な機の自覚から出発していることになる。このように『大経』の仏道を決定した上二祖を、龍樹・世親と見抜いたのは曇鸞であると、親鸞は「行巻」の引文を通して、『論註』を讃えているのである。

曇鸞その人の発揮は、龍樹・世親の大乗菩薩道を、凡夫の仏道である浄土教に転換したところにある。その際重要な点は、菩薩道の現生不退を、浄土における正定聚と読んだところにある。親鸞が本願成就文の「即得往生　住不退転」（『真宗聖典』四四頁）の意味を言うときに、「龍樹大士は「即時入必定」と曰えり。曇鸞大師は「入正定聚之数」と云えり」（『真宗聖典』一九〇頁）と、必ず龍樹と曇鸞を挙げる（『真宗聖典』四五五頁、五三一頁参照）のは、彼土の正定聚であっても、現生の不退であることを言うためである。これによって『大経』の浄土が、死後の浄土ではないこと、さらに浄土が煩悩の身を超えさせる原動力だから、願生浄土こそ凡夫の仏道であることを決定したのである。

さて、道綽からは一応『観無量寿経』による祖師である。しかし道綽は『大経』から『観経』への過渡期の仏者だから、その信心を三不三信として表している。言うまでもなく、曇鸞の三不信の継承展開であるが、親鸞はこの信心こそ「三不三信の誨」（『真宗聖典』二〇六頁）として、『教行信証』のいわゆる「三三の法門」を完成させるときの立脚地とする。その意味で、親鸞にとっては実に重要な誨えであると思われる。

『観経』の祖師という面から道綽を言えば、釈尊の一代仏教を聖道門と浄土門とに分けて、末法の凡夫には、阿弥陀如来の本願力による浄土門しか残されていないことを論証したのである。これは仏教史上初めて、浄土教の独立を宣言したことになる。しかし親鸞の『教行信証』「行巻」の引文（『真宗聖典』一七一～一七三頁）を見ると、道綽はその行がすべて「念仏三昧」で統一されていて、善導に至って初めて「称名念仏」が確立する。

その意味から言えば、道綽は浄土教の独立を果たしても、『観経』の教学としては未だ充分とは言えないのであろう。その点善導は、「称名念仏」を中心に『観経』の了解を古今楷定し、道綽の浄土門の独立を教学的に完成させた仏者である。この道綽と善導の二人によって、浄土門の独立とその教学が、思想的な意味での完成を見るのである。

善導は、行を専修と雑修に分けて称名念仏の意味を明確にし、その衆生を機の深信として表現した。ところが源信は、それを一歩進めて、行を実践する衆生の自力性の推究に力を注いだのである。つまり称名念仏していても、衆生の自力性が抜けるわけではない。しかもこの衆生がそのまま救われた感動を「我またかの摂取の中にあれども、煩悩眼を障えて見たてまつるにあたわずといえども、大悲倦きことなくして常に我が身を照らしたまう」（『真宗聖典』二二二〜二二三頁）と言うのである。ここに、親鸞が七祖で初めて第二十願の機を明確にしていく端緒がある。なぜなら第二十願の機が、本願力によってどのように救われていくのかが、『大経』の最終的な課題になるからである。

さて源空は、浄土教という面から言えば、道綽・善導の浄土門の独立を、この片州濁世で思想性を超えて歴史的な事実にまでした仏者である。しかし法然の仏道了解は『観経』一辺倒ではなく、実に広やかで善導の二種深信を「生死の家には疑を以て所止となし、涅槃の城には信を以て能入となす」（『真宗聖教全書』一・九六七頁）と『大経』の信心に読み替えるのである。要するに、仏智疑惑の第二十願の機が、『大経』の大涅槃へ能入する第十八願の信心によって救われると、教えているのである。この法然の教えによって、親鸞の己証である『教行信証』「信巻」の「三心一心問答」と「化身土巻」の「三経一異の問答」という二つの問答を開き、それが『教行信証』の「三三の法門」へと展開するのである。

このように見てきてわかるように、最終的に三三の法門に結実する知見を、親鸞は七高僧の著述に教えられたのである。その際、親鸞が何を教えられたのかを中心に、七祖の役割を明確にしている。『教行信証』の引文をよく学んで、親鸞が七祖それぞれをどう見ていたか、それが明確にならなければ『高僧和讃』も本当には読めないことを、この出版でよく教えられたことである。

最後になったがこの書が成るに当たり、全体の内容の相談から校正にいたるまでご尽力をいただいたのは、九州大谷短期大学准教授の青木玲先生である。忙しい中ご苦労いただいた先生に対して、ここに感謝申し上げる次第である。また文章化の細部に至るまで目を配り、校正等の労を取ってくださったのは元大谷大学助教の鳴一志氏と中山量純氏である。両氏のご苦労にも謝意を表することである。

また、出版事情の厳しい折に、このシリーズの出版を快くお引き受けくださった方丈堂出版の光本稔社長、ならびに丁寧な編集に尽力してくださった上別府茂編集長には、甚深の謝意を表することである。

二〇二〇年　十二月三十一日

延塚知道　記す。

〈著者略歴〉

延塚知道（のぶつか　ともみち）
1948（昭和23）年福岡県生まれ。72年大谷大学文学部卒業。78年大谷大学大学院博士課程単位取得。大谷大学教授、特任教授を経て、現在は同大学名誉教授。文学博士。専門は真宗学。真宗大谷派九州教区田川組昭光寺住職。
主要な著書は、『教行信証—その構造と核心—』（法藏館、2013年）、『浄土論註の思想究明—親鸞の視点から—』（文栄堂、2008年）、『他力を生きる—清沢満之の求道と福沢諭吉の実学精神—』（筑摩書房、2001年）、『歎異抄の世界（シリーズ親鸞　第七巻）』（同、2010年）、『無量寿経に聞く・下巻』（教育新潮社、2016年）、『浄土論註講讃』第一巻〜第六巻（文栄堂、2012〜2020年）、『高僧和讃講義』（一）—龍樹・天親・曇鸞—（方丈堂出版、2019年）、同（二）—曇鸞—（同、2019年）、同（三）—道綽・善導—（同、2020年）ほか多数。

高僧《こうそう》和讃《わさん》講義《こうぎ》（四）
—源信《げんしん》・源空《げんくう》—

二〇二一年一〇月一四日　初版第一刷発行

著　者　延塚知道
発行者　光本　稔
発　行　株式会社　方丈堂出版
京都市伏見区日野不動講町三八—二五
郵便番号　六〇一—一四二二
電話　〇七五—五七二—七五〇八
発　売　株式会社　オクターブ
京都市左京区一乗寺松原町三一—二
郵便番号　六〇六—八一五六
電話　〇七五—七〇八—七一六八

印刷・製本　亜細亜印刷株式会社

ISBN978-4-89231-216-8

広島大学仏教青年会110年の歩み ―近代日本精神史の記録―	寺川智祐 編	五、〇〇〇円
生きてまします法蔵菩薩〔新刊〕	鍵主良敬	三、〇〇〇円
近代真宗教学 往生論の真髄	鍵主良敬	二、三〇〇円
如来何故《にょらいなにゆえ》に内観《ないかん》するや〔新刊〕 ―曽我量深の根本思想を探る―	那須信孝	一、四〇〇円
親鸞の往生と回向の思想 ―道としての往生と表現としての回向―	長谷正當	二、二〇〇円
今日の因縁【決定版】	曽我量深	一、六〇〇円
他力の救済【決定版】	曽我量深	二、〇〇〇円
高僧和讃講義㈠ ―龍樹・天親・曇鸞―	延塚知道	二、二〇〇円
高僧和讃講義㈡ ―曇鸞―	延塚知道	二、二〇〇円
高僧和讃講義㈢ ―道綽・善導―	延塚知道	二、〇〇〇円

方丈堂出版/オクターブ

価格は税別